陕西师范大学优秀著作出版基金资助出版
陕西师范大学一流学科建设经费资助出版

使命：职业心理学的解读
Inside Calling: From A Vocational Psychology Perspective

张春雨　著

陕西师范大学出版总社

图书代号　ZZ22N1757

图书在版编目(CIP)数据

使命：职业心理学的解读／张春雨著. —西安：陕西师范大学出版总社有限公司，2022.10
ISBN 978-7-5695-3179-4

Ⅰ.①使… Ⅱ.①张… Ⅲ.①职业—应用心理学 Ⅳ.①C913.2

中国版本图书馆 CIP 数据核字(2022)第 172283 号

使命：职业心理学的解读
SHIMING：ZHIYE XINLIXUE DE JIEDU

张春雨　著

责任编辑	古　洁
责任校对	孙瑜鑫
封面设计	张　田
出版发行	陕西师范大学出版总社 (西安市长安南路 199 号　邮编 710062)
网　　址	http://www.snupg.com
经　　销	新华书店
印　　刷	西安日报社印务中心
开　　本	720 mm×1020 mm　1/16
印　　张	12.25
字　　数	220 千
版　　次	2022 年 10 月第 1 版
印　　次	2022 年 10 月第 1 次印刷
书　　号	ISBN 978-7-5695-3179-4
定　　价	45.00 元

读者购书、书店添货或发现印装质量问题，请与本社高等教育出版中心联系。
电话:(029)85303622(传真)　85307864

序　言

　　人的一生中,有三分之一的时间要在工作中度过。工作是成年人生活中难以绕开的主题。很多时候,工作直接决定了人的生存质量和生活状态。人为什么要工作?有的人说工作是为了活着,这种说法代表着工作对人的需求的满足,工作为人们提供了生存必需品。但人们并不满足于工作提供的基本需求,而期望它满足很多的高阶需求,比如自我实现、成就感等等。马斯洛的需求层次理论很好地解释了人的各种需求,这些需求都有可能由工作而得到满足。可能有人会说,工作是一个人的标签,它在某种程度上定义了一个人的社会特征,人们可以通过工作获得社会认同感。当我们介绍一个人,通常在介绍完他的名字后,还可能会介绍他做什么工作,比如他是一名老师、会计、销售、工程师等等,这些工作无形中就成为了一个人的身份标签。人们通过这种身份标签形成对其的社会印象,因此,人必须工作才能具有这样的身份标签。还有人可能会说,工作不是为了形成社会特征,而是出于自我特征,一个人通过工作完成对自我的理解或建构。人可能因为自己是一个怎样的人而选择了一份对应的工作,人也可能在工作中逐渐地意识到自己是一个怎样的人,因此,工作成了"我之所以是我"的载体,它代表了自我存在的意义。总而言之,人之所以要工作,有着不同层面的原因,它们使工作成为人们生活中的必要且重要内容。

　　人们常被劝道:要找到一份好工作,要从事一份好职业。然而,何为好工作、好职业?恐怕不同的人会有不同的解读和定义。2020年一位湖南女孩取得 676 分的高考成绩,是湖南省文科第四名,她坚定地报考北大考古专业,引起社会热议。在很多人眼中,考古专业及其未来的职业发展道路,可能在物质报酬方面会十分有限,这对一个考得本省文科第四名的学生来讲,实在有些不值得,认为她应该去选择一个更能赚钱的专业。但她一句"我个人特别喜欢,我觉得喜欢就够了呀!"足以道出她心目中好职业的真谛。同为北大考古专业毕业,并将一生奉献给敦煌考古事业的樊锦诗先生说过:"真正的幸福,就是在自己心灵的召唤下,成为真正意义上的那个自我。"人生本是一种对自我的表达,而自我的表达在一定程度上体现在人一生中在做什么上。樊先生所说的"心灵的召唤"体现出一种使命感,个人在某种力量的召唤下,于某份职业中去表达和实现真实的自我,这份职业也就自然而然地成了他心中的好职业,他也会从这份职业中体验到真正的幸福。人一旦怀着使命感去追求一份职业,那么职业和工作就不仅仅是一份为了活着的糊口营生,它们的意义将得到升华,人们从工作中所获得的幸福感也将得到提升。著名作家贾平凹在《文学的故乡》中讲过:"我写作成了自己一个生存方式,也是我生命的表现方式,而且自己老觉得还有啥写。"对他来说,写作不再是一份简单的职业,它还是自己生命意义的表达方式。当一份职业成为生命的一种表达方式,它将是个人的毕生挚爱。而一个人得到毕生挚爱,无疑是一件无比幸福的事。

"使命感"这一学术概念已经存在了很长时间。中国的古籍中早有"使命"这一词汇,而在西方"使命"在早期历史上则是一个彻底的宗教概念。相比较而言,职业心理学领域对使命感的研究时间并不算长,其标志性的开创研究出现在 1997 年,密歇根大学的心理学家艾米·沃兹涅夫斯基(Amy Wizesniewski)与同事开展了一项简单但重要的研究。他们研究发现人们会持有不同的职业取向,有的人视它为一份糊口的工作,有的人视它为一项发展自己和提升职位的事业,也有的人视它为一个承载着个人自我实现的使命追求。人们所持的取向不同,在工作和生活上所获得的体验也不同。这项研究发现,与前两个取向相比,怀有使命取向的人会体验到更高的对工作和生活的满意度与幸福感。这项标志性的研究从使命感的角度道出了人们收获幸福的真谛:使命感使人们对自己的工作和生活更满意。该研究激发了职业心理学领域对职业使命感研究的强烈兴趣。在随后的一些年里,大量关于职业使命感的研究论文被发表,以美国学者瑞恩·达菲(Ryan D. Duffy)、布莱恩·迪克(Bryan J. Dik)和肖莎娜·多布罗(Shoshana Dobrow)为代表的职业心理学研究者们在职业使命感这个主题上开展了系统而深入的研究,使职业使命感成为近年来职业心理学领域中最热门的研究主题之一,获得了丰硕的研究成果。这些研究成果帮助我们对职业使命感形成了更清晰的认识和理解,也为本书的成形创造了条件。

2011年以来,我个人也开展了一系列关于职业使命感的研究。2011年,我跟随张进辅教授攻读博士学位,很快就选定职业使命感作为我的研究主题。当时在阅读文献的过程中,看到了一篇论文,该论文的主题词为"calling",这让我感到好奇和疑问,为什么职业生涯研究领域中有这样一个看起来很不"职业"的题目?这激起了我的兴趣。我算是国内最早一批在此方面开展研究的人,当时国内心理学界对这个主题还没有系统的实证研究,我意识到这是一个在国内开创性地开展研究的机会。在当时,我面对的第一个问题却是翻译的问题。英文中的使命感,使用的词是"calling",本意为召唤、呼唤、感召。如今,也有国内研究者在使用"感召""职业呼唤"这样的翻译,我认为这样的直译不够本土化。社会学领域的有些学者将其翻译为"天职",我觉得也不太合适,在反复地查阅、推敲和斟酌之后,我认为"calling"最合适的中文翻译应该是"使命",并撰文阐述了"使命感"这个概念在中西文化背景下的界定。在确定好这个概念后,我就有了底气以"职业使命感"为主题去开展实证研究。2015年我在自己的博士论文中对"职业使命感"进行了初步地探索,并在博士毕业后继续从事这方面的研究。在这个过程中,我有幸与布莱恩·迪克和安德烈亚斯·赫斯奇（Andreas Hirschi）两位学者开展合作研究，他们都给了我非常有益的指导。当然，领域内未解的问题仍有不少。很庆幸，国内外的职业心理学研究者围绕"使命感"这个主题开展了很多有价值的研究。这让我们能更系统和清晰地理解"职业使命感"是什么、它有什么作用、如何提升职业使命感等核心问题。基于丰硕的研究成果，系统成书的条件已经具备。我希望借此书，对"职业使命感"这个主题进行全面地梳理和总结，并希望读此书的人对自己的职业有一个新的认识和理解。

中国人对职业的认识是一个不断变化的过程。新中国成立后，国家实行了近40年的计划经济体制。在计划经济体制下，劳动用工和人事均由国家安排，工作和职业高度稳定，人们普遍有种工作是"铁饭碗"的意识。那时的职业一方面承载着来自国家的号召和责任，另一方面体现了个人对稳定的追求。计划经济体制内的职业有一些福利保障，在职工住房、子女上学和生病就医等多方面有诸多便利。这些优势吸引着人们对该体制下的工作竞相追逐。然而，实行近四十年的计划经济体制有多牢固，市场经济改革带来的阵痛就有多强烈。从20世纪90年代初，中国开始进行市场经济体制改革，国有企业实行职工下岗政策，工作不再是铁饭碗，当时很多职工经历了异常艰难和痛苦的过程。这样的转变对普通人的影响是巨大的，因为自己从稳定的职业忽然变成了下岗失业，被安排和分配的工作忽然不复存在。人们也开始意识到，职业和工作不再是体制内的事情，而更多是市场化的事情，改革后的一代普遍具备这样的意识。进入21世纪后，随着中国经济的突飞猛进以及进一步对外开放，人们逐渐适应市场经济体制的特征，开始有了职业生涯的理念，意识到想要获得好的职业，要靠自己努力提升自身的能力。这种"我"的意识也逐渐成为改革开放后一代在职业发展上的核心特征，到互联网时代和零工经济时代，该意识则变得更加明显和普遍。零工经济时代的人们可以跳出传统的朝九晚五的工作模式，而根据自己的兴趣和能力灵活地工作。这要求人们对自我应该有更清楚地了解，对自己的事情更具掌控力。

时代的发展，经济体制的转变，使中国人对职业的认识发生了翻天覆地的变化，这种变化也导致职业使命感的内涵发生了变化。在计划经济时期，国家和社会是驱动职业使命感的核心力量，使命更倾向于发扬"一块砖"的精神，使命就是响应国家的号召去工作。我们从一些有着卓越贡献的老一辈人身上，可以明显看到这些力量驱动下的使命感。而到了市场经济时期，国家和社会在个人使命感上的驱动力开始变低，自我驱动力则变得更加强烈，人们开始从个人兴趣和热爱出发，去选择工作，追求一份让自己有使命感的职业。所以说，对职业使命感的解读，也是对时代变迁下职业观演变的解读。在时代的洪流中，人们总是在转变和适应。最终，在回望一生的事业时，如果能觉得自己通过职业做了有意义的事情，不管这种意义是对国家、社会还是个人，它带来的使命感会是人一生职业追求的所成，这无疑代表了一种成功和幸福。因此，职业使命感也是一个关乎意义和幸福的讨论。我希望本书能启发读者理解自己的使命追求，获得属于自己的意义和幸福。

张春雨

2022 年 3 月

目　录

第一章　何为职业上的使命感 ……………………（1）

　　第一讲　历史渊源 …………………………………（1）

　　第二讲　现代界定 …………………………………（8）

　　第三讲　类型区分 …………………………………（32）

　　第四讲　外在动机 …………………………………（42）

　　第五讲　使命之变 …………………………………（49）

第二章　职业使命感的力量 ………………………（56）

　　第一讲　收获更佳的职业生涯 ……………………（57）

　　第二讲　投入更好的工作行为 ……………………（75）

　　第三讲　体验到更幸福的生活 ……………………（84）

　　第四讲　有时会物极必反 …………………………（91）

　　第五讲　实现与否更关键 …………………………（98）

第三章　找到自己的职业使命 ……………………（103）

　　第一讲　洞察 ………………………………………（104）

　　第二讲　探索 ………………………………………（114）

　　第三讲　人格 ………………………………………（122）

第四章 实现自己的职业使命 …………………………（128）

　　第一讲　背景环境因素 ……………………………（129）

　　第二讲　职业与工作因素 …………………………（139）

　　第三讲　如何面对工作挑战 ………………………（147）

　　第四讲　未实现的人怎么做 ………………………（157）

结束语 ……………………………………………………（165）

参考文献 …………………………………………………（168）

第一章　何为职业上的使命感

谈到使命感,人们的第一印象可能是它体现了一种崇高的精神。一个人不会轻易说自己对什么有使命感,或许这是因为"使命"是一个有高度的词汇,而人们由于害怕自己无法达到那样的高度,所以很少会明确地触及它。的确,"使命"不是一个被经常使用的口头词汇,它通常出现在比较严肃且正式的文本或场合中,比如,全党开展的"不忘初心、牢记使命"主题教育;习近平总书记说:"中国共产党人的初心和使命,就是为中国人民谋幸福,为中华民族谋复兴。""使命"一词在这种语境下的政治高度可见一斑。但实际上,"使命"一词的高度并不影响它同样是一个接地气的词汇,很多人是实实在在地怀着使命感做事,只不过他们没有用使命感来表达自己的状态而已,而且谦虚的中国人不习惯用崇高的词汇来描述自己的行为。所以,使命感既是崇高的,也是接地气的。那么,使命感到底是什么?它如何发展而来?它为何与职业有着紧密的联系?它怎么发展成为一个备受职业心理学青睐的概念?这些问题都将在本章得到解答。

第一讲　历史渊源

中西方的文化中皆有"使命"这一概念,但"使命"的内涵存在一定的差别。在中国文化下,"使命"自古是一个十分有高度的词汇。"使"在中文中是"命令"的意思。比如,《史记·项羽本纪》有言:"怀王因使项羽为上将军,当阳君、蒲将军皆属项羽。"讲的是楚怀王无奈,令项羽做了将

使命：职业心理学的解读

军。"使命"本身有"命令与差遣"之义，《左传·昭公十六年》有言："会朝之不敬，使命之不听"，指的就是"命令"。因此，"使命"强调"命令"，这种命令往往来自更高地位的人，或者说是源于更高阶的力量。这种力量的至高点是"天"或与"天"密切联系的"君"。中国自古强调"天"，天被视为至高无上的神，是万物的主宰者（丁为祥，2007），这是中国文化特有的宗教思想。君王称为天子，天子受命于天来统治人间，是为"天意"。连孔子都有言："不知命，无以为君子也。"意思是说，不懂得天命，就不能成为君子。天命是上天主宰的人的命运，儒家思想中有诸多关于天命的观点，宗旨是承认天有至高无上的力量，任何人都无力对抗天命。由于君王是天子，君命则是仅次于天命的力量，是尘世中的最高力量。天和君王构成了使命的来源。《论语·子路篇》有文："行己有耻，使于四方，不辱君命，可谓士矣。"在孔子眼中，能够称得上"士"的人要有知耻之心，出使他国要不辱君王交给的使命。这里的"使命"即是指奉君王出使之命。可见，在孔子的观点中，最高阶的士不单单要有道德，还需要有君王天子赋予的命，从命于君王，这是一种对至高力量的遵从。奉君王之命，抑或奉天命，均是荣耀的象征。李商隐在《自桂林奉使江陵途中感怀寄献尚书》也有诗句："纵然膺使命，何以奉徽音"，这里的"使命"也有接受命令和差遣之意。李商隐作为官员，他才有被命令和差遣的资格。经过千年的演变，使命在至高无上的命令之外，逐渐有了应尽的责任和义务的意思。这是一种从外化到内化的演变，外化的命令到内化的责任，从而让使命演变成一种个人发自内心觉得应该做的事情。因此，在现代使命与崇高的责任、应肩负的任务等紧密联系在一起，比如，中国共产党提出党的初心和使命，并强调这一初心和使命的重要性，就是希望共产党人能牢记自己最根本的责任和肩负的历史任务。

中国历史上的著名人物张骞（公元前 164 年—公元前 114 年），即是一位怀有使命的人，他的"使"不仅是出使的意思，更有着不辱君王命令的意思。张骞是中国汉代杰出的外交家，丝绸之路的开拓者，他因出使西

第一章 何为职业上的使命感

域而闻名。汉武帝时期,北方匈奴的势力不断扩大,对汉朝领土常有侵犯。为对抗匈奴,汉武帝意图联合受匈奴侵占而被迫西迁的大月氏。建元二年,汉武帝下达诏令,公开寻募能担当出使大月氏重任的人才,年轻的张骞应征,带领一百多人出发,西行至河西走廊时就遇到了匈奴骑兵,被抓获后扣留。匈奴极力拉拢张骞,还为张骞娶了匈奴女子为妻,让其在匈奴安家生子。但张骞没有忘记使命,持汉节不失,在匈奴被软禁十年之久,仍趁匈奴人不备,逃出匈奴,继续前往大月氏出使。虽未能说服大月氏联盟对抗匈奴,但张骞开通了西域之路,为汉武帝带回了西域各国的消息。他首次出使西域,历时十三年,百人的队伍最后只剩三人回汉。汉武帝特封张骞为太中大夫,表彰他的功绩。张骞的使命就来自君命,他因不辱君命而获得荣耀,这就印证了孔子所说的"使于四方,不辱君命,可谓士矣"。可见,中国古代典型的使命来源即有君命,它是一种至高无上的力量。

同样身处汉代的司马迁(公元前145年或135年—不可考证)也是一位典型的具有使命的人物。司马迁的父亲名叫司马谈,任太史令一职,主要掌管天文、历法和撰史等事务。司马家的祖先就曾做过太史一类的官职,司马谈对此十分看重。因此,做到太史令也是他心中的使命传承,立志要专心致史,撰写一部通史。可是,司马谈还未完成这一心愿,就不幸染病去世,在弥留之际,他痛惋于自己不能继续承担家族和国家的重任,希望自己的儿子司马迁能继承太史令一职,传承家族的使命,编写史书论著。司马谈讲到,以往历史上一些史书丢散,记载中断,而汉朝如此兴盛,有贤明的君主事迹,有忠义的臣子事迹,但是自己作为太史令,却没有评论记载,中断了国家的史实资料记载,心中感到十分不安。司马迁听了父亲的话,流着泪答允父亲,自己一定会完成父亲的心愿,编撰先人整理的史实资料,绝不敢有丝毫的缺漏。父亲去世后,司马迁始终不忘父亲遗愿,历时14年完成了史书巨制《史记》。在这期间,司马迁因替李陵求情,而被牵连获罪,罪本当斩,但司马迁想到父亲的史书遗愿还未完成,他

使命：职业心理学的解读

毅然选择了以腐刑免于死刑，在屈辱中继续着自己撰写史书的使命。可见，司马迁的使命源自父亲和家族，而父亲的使命则源自国家赋予家族的任务，他们都认为记载和评论历史是必须做的事，是承载了家族和国家意义的事。

在西方，使命则有着深厚的宗教渊源，使它成为一个跟基督教直接关联的概念，而因为教会与古代西方政权的联系，导致使命也成为一个与西方政治紧密挂钩的概念。"使命"在英文中的表达是"calling"，直译是呼唤、召唤或感召。圣经中描写了诸多上帝呼召使徒的故事，比如，耶稣召唤门徒圣彼得和圣安德烈。彼得和安德烈本是渔夫，耶稣在湖边看到他们，从而呼召二人追随他进行传教，他们也是最早被上帝感召的使徒。另外，意大利著名画家卡拉瓦乔的画作《圣马太蒙召》也展示了耶稣召唤圣马太的情景。马太本是一名税吏，耶稣来到税关上，对马太说："跟从我吧！"马太受到上帝的感召而成为传教士进行传教。在该画作中，最右侧的人就是年轻的耶稣，而左三正拿着手指着自己的人就是马太。耶稣最初共有包括圣彼得、圣安德烈和圣马太在内的著名十二使徒。他们均跟从了耶稣的呼召，成为传教士，被耶稣赋予传教的使命。这个使命来自西方文化下至高无上的力量。

西方所讲的使命最早和影响最深远的表达就在宗教领域。因此，在西方早期的使命是一个宗教概念，它的内涵明确而单一，所指的仅是受到上帝的感召而成为传教士，这个使命对其教徒来讲是一份至高的荣耀。当然，使命，这一概念在西方早期不仅不具备世俗性，而且具有严格的排他性，使命是来自上帝的具有神圣感的召唤，人被召唤去从事神职工作，这非一般信徒所能拥有。在中世纪的观点中，最完美的基督教徒是那些将毕生献于上帝的人，而那些为了生存而工作的人则只能算作二等教徒（Weber，2002）。这个时期的使命仅存在于修道士、牧师和主教们，使命被视为是在从事着一份无比神圣的神职工作。

西方早期的"使命"概念内涵单一，具有很强的排他性，仅限于神职

第一章 何为职业上的使命感

领域。直到宗教改革"使命"的内涵才被扩大,使它得以跳出神职工作的范围。马丁·路德(1483—1546)和加尔文(1509—1564)的宗教改革扩展了使命的意义,并将"使命"这个概念逐渐世俗化。马丁·路德是德国人,德语的"Beruf"与"calling"同义,不是指通俗意义上的职业,它们都有一层宗教含义(张春雨 等,2012)。马丁·路德宗教改革的一大贡献是清除了"使命"的排他性,使它从宗教性向世俗性进行了一定程度的转变。马丁·路德反对把使命认为是神职人员才能有的特权,使命并非必须通过神职的隐修和禁欲来超越世俗道德,并非需要完全摒弃世俗的生活。他认为一个人的使命就是成为基督教徒而服务上帝,然后跟从上帝而服务众生。这在某种意义上是在为教徒们的世俗活动进行辩护,即哪怕人们做着世俗的非神职工作,只要他们做的事是在服务上帝,就都属于使命的范畴。当然,马丁·路德的观点仍然保持着传统的意味,仍然强调每个人都必须接受上帝的召唤和差遣,接受上帝赋予的任务,信徒们始终是被动的角色,其使命是"接受"和"跟从"。这种影响直到现今仍有所存在。

与马丁·路德类似,加尔文也同样认为上帝赋予人们的使命是传递信仰,去热爱服务于更广的民众(程新宇,2003)。使命关乎人类生活的秩序性,加尔文强调上帝已经赋予了每个人应该承担的责任,这本质上就是在践行着每个人的使命。信奉加尔文主义的清教徒很强调使命,并继续将使命的意义世俗化,他们认为上帝对世界的每个人都有安排。所以,每个人所从事的职业都是上帝的安排,各司其职与各司其位就是在履行上帝的旨意,在神职之外,世俗的工作同样是教徒们修道的方式,尽好自己的本职就够了。加尔文认为,那些忽视使命的人永远无法在自己的工作职责中保持正确的道路,他的生活也将缺乏一致性,只有牢记使命,个人的生活才能得到最好地调节。可见,加尔文通过对使命的世俗化为普通信徒的生活创造合理的基础。他鼓励人们投入精力、知识和技能去做上帝呼召其做的事,上帝赋予的使命是一切幸福的基础,所有信徒都具有资格被呼召在他们拥有的任何职业中努力工作,不再局限于神职工作。

使命：职业心理学的解读

所以，宗教改革的一大意义在于打破传统上严格的精神束缚，削弱神职工作的绝对权威。"使命"这个概念在宗教改革中的意义很重要，宗教改革中对使命的世俗化解读，帮助普通的教徒们获得合理生活的思想根基。这拉近了信徒与上帝之间的距离。著名社会学家马克斯·韦伯认为宗教改革对使命的世俗化诠释，对资本主义精神的产生和现代社会结构的出现具有深远的影响。在如今"使命"这个概念仍然保留着一些宗教的痕迹，有很多西方人认为使命就是跟从上帝的旨意和安排。

美国著名黑人运动领袖马丁·路德·金（1929—1968）的使命就具有强烈的宗教色彩。金的原名是迈克尔·路德·金，他的父亲十分仰慕宗教改革的先驱人物马丁·路德。为了纪念这位宗教改革家，他为自己的儿子改名为马丁·路德·金。金的父亲是一位牧师，家族的宗教传统较为深厚。金深思熟虑多年才决定追随父亲的步伐，成为一名牧师。他也曾犹豫过想学习医学、法律或其他学科，他在高中跳过一年，于1940年进入莫尔豪斯学院学习社会学，并在大三时决定要成为一名职业牧师。1948年，金从莫尔豪斯学院毕业进入克罗兹神学院为成为牧师而继续学习。金的另一个宗教性的影响也来源于在此学习的经历，他在克罗兹神学院学习期间听了关于印度著名民族领袖甘地的讲座，深受鼓舞，并阅读了很多关于甘地的书。毕业后，他进入波士顿大学攻读神学的博士学位。金博士毕业后，在阿拉巴马州成为一名牧师。彼时，美国黑人长久以来遭受的不公和积压多时的愤怒开始爆发，与白人之间的冲突逐渐升级。受甘地思想的影响，他倡导并领导非暴力的民权抗议和游行。金对黑人的平权运动怀有深深的使命感，甚至感到自己被上帝感召成为一位殉道者，去完成上帝赋予的使命。金的思想和领导的运动让他声名鹊起，1963年金在华盛顿发表了著名的"我有一个梦想"的演讲，这个演讲极富感染力，影响深远。1964年，他由此获得诺贝尔和平奖。金早已意识到自己面临的危险，但他因为感受到来自上帝的感召，承载着上帝赋予的使命，所以对自身的危险十分淡然。他曾说："我已经看到了应许之地，我不担

第一章 何为职业上的使命感

心任何事,我不惧怕任何人,我眼中看到的满是上帝的荣光。"1968年金被暗杀身亡,但他对黑人民权的影响深远,为后人所铭记。马丁·路德·金的人生就是一个追求宗教使命的人生,这种使命的力量即是上帝的感召。

总之,纵观中西两种文化背景下的"使命"概念,既有相通之处,也有不同之处。第一,在两种文化背景下,使命自古都被强调为一种不得不遵从于至高无上之力量的召唤或命令:西方文化背景下的使命强调来自上帝的感召,而中国文化背景下的使命则强调听命于更高阶的力量,这种力量的至高点是"天"或与"天"密切联系的"君"。第二,"使命"在早期的中西方文化中,均非普通人所能企及,中国古代的使命多限于官吏,而西方早期则限于神职人员。第三,两者的历史渊源构成明显不同,在中国文化背景下,"使命"不仅完全不受西方基督教的影响,而且本土宗教对"使命"的影响也较弱,相比之下,西方文化背景下的使命则具有很强的宗教性。

经过漫长的发展过程,中西方"使命"概念都演变出了更丰富的含义,西方文化下曾经浓厚的宗教性含义逐渐减弱。在对现代美国人群的研究中发现,使命感与宗教性之间只存在一定的弱相关关系($r = 0.10 \sim 0.22$)(Duffy, Sedlacek, 2010; Steger et al., 2010)。这些研究结论说明,职业使命感的宗教渊源在现代已经被极大地弱化,对职业使命感的现代界定不仅仅局限在其宗教属性上,应该以更开阔的视角来界定它。幸运的是,现代心理学为"使命"这一概念进行了更细致地研究解读,从而为其提供了丰富的学术内涵。

第二讲 现代界定

一、现代西方文化下的界定

在早期宗教渊源的基础上,"使命"概念经历了世俗化的过程,演变

使命：职业心理学的解读

成了一个与职业和工作密切相关的概念。甚至在某些英汉词典中，直接把"calling"翻译为职业。当然，这种简单的翻译显然不够准确，"使命"的丰富内涵远非"职业"一词所能概括。离开宗教学领域，对"使命"的解读引起现代心理学领域的极大兴趣。1997 年，密歇根大学的研究者艾米·沃兹涅夫斯基等人开展了一项标志性的研究。在这项研究中，他们借鉴了罗伯特·贝拉等人在其《心灵的习性》(Habits of the Heart)一书中的观点，区分了三种职业取向：第一种取向称为工作取向(job)，持这种取向的人只关注和在乎从工作中获得的经济报酬；第二种取向称为生涯取向(career)，持这种取向的人则主要看重职业的升迁和发展；第三种取向称为使命取向(calling)，持这种取向的人将工作视为生命中不可或缺的一部分，看重工作带来的实现感和满足感(Bellah et al., 1985)。在现实生活中，很多人也会认同这三种取向，因为有的人工作确实就是为了生存糊口，而有的人认为工作不仅仅是一份工作，它承载的意义让人们对它存有不同的认知或情感。美国著名的脱口秀女王奥普拉·温弗瑞曾在斯坦福大学的毕业演讲上说过，自己做脱口秀，并不仅仅把它当成是一份工作，而是把节目视为自己服务观众的平台，这样她感到自己做脱口秀的快乐更有深度，有自我实现感。可见，奥普拉的职业取向就是典型的使命取向。她也在演讲现场对斯坦福大学的毕业生们说："我知道你们已经在斯坦福付出了这么多努力，不会只是为了出去找到一份工作。"这句话对我们的年轻一代也一样适用，找一份赚钱的工作固然重要，但工作不能只是为了赚钱，它还应该承载更多的意义。

艾米·沃兹涅夫斯基等人的研究中，分别为被试呈现代表这三种取向的评估材料：

工作取向：A 先生工作的首要目的是赚钱来满足自己的生活。如果他的经济状况良好的话，他就不从事这份工作了，而是去做些别的工作。A 先生的工作本质上就是生活的必需品，它就像一个人的呼吸和睡眠一样，必需而基本。A 先生经常希望自己的工作时间能快点过去，他特别

第一章 何为职业上的使命感

期待周末和假期。如果生命可以重来一次,A先生可能不想再从事这份工作。他不会鼓励自己的朋友或孩子从事这份工作。A先生特别期待退休。

生涯取向:B先生享受自己的工作,但他并不想。他规划着从事更好的工作。他对于自己的未来有很多目标,这些都是关于他想最终得到的职位的目标。有时,他目前的工作似乎是在浪费时间,但是他必须在现在的职位上做得足够好,才有机会继续发展。B先生迫不及待想得到晋升,对他来说,晋升意味着他的工作得到了认可,也代表他在与同事的竞争中获得了成功。

使命取向:C先生的工作是他人生最重要的组成部分之一。他非常高兴能从事这份工作。在他介绍自己时,会首先介绍自己是做什么工作的。他会把工作带回家,也会带到假期。他大多数的朋友都来自工作。C先生满意自己的工作,因为他爱自己的工作,觉得自己的工作对这个世界有所贡献。他会鼓励自己的朋友或孩子也从事这份工作。如果不让C先生工作,他会感到很难受,他不期待着退休。

研究者让被试分别评估材料中的三个人在多大程度上像自己,采用四点评分,分别为非常像、比较像、有点像和完全不像。在135名被试中,选择三种取向的比例基本持平。该研究发现,持有使命取向的人比其他两个取向的人,具有更高的生活满意度和工作满意度,以及更低的工作缺勤率,这表明职业使命感对个人的幸福感和工作行为具有积极的作用。该项研究使心理学和组织行为学领域的学者开始关注对人们将某一职业或工作视为使命这一心理现象。因为研究者们意识到使命会激发出积极的力量,这种力量不仅体现在工作上,还体现在个人生活上。

研究者们首先想去解答的问题就是"职业使命感"的现代内涵。职业取向角度的界定本质上是将职业使命与工作取向和生涯取向区别来看待,认为具备使命取向的人不是将工作视为获得经济报酬或职业晋升的途径,而是将工作视为获得实现感和满足感的核心载体(Wrzesniewski et al.,1997)。这种界定非常接近于另外的一个心理学概念,即工作动机,这也导致"使命"这个概念与工作动机有着千丝万缕的联系。但是,三种取向在个人身上的绝对区分性不一定普遍存在,有的人可能兼具使命取向和生涯取向,有的人可能兼具生涯取向和工作取向。因此,这种类型论的界定很难保证三种取向之间的绝对区分,会造成在测量上的局限,所以,虽然这种界定是心理学领域对使命做出的最早且很经典的界定,但后续的研究者们并没有太多延续这种区分法,仅有一项研究是在此三个取向的基础上提出的,即五个取向(见表1-1),额外囊括了另外两个取向,其一为社会嵌入取向,即将工作视为获得个人归属感的途径,使个人感觉自己是某群体的一部分。其二为忙碌取向,即将工作视为填补空闲时间和提供活动的途径(Willner et al.,2020)。但是该研究中界定的使命取向与前人的界定也有所不同(e.g.,Wrzesniewski et al.,1997)。该研究将使命取向定义为强调工作的社会价值,通过工作来将世界变得更好(Willner et al.,2020)。可见,他们的定义中强调的是使命取向中的亲社会倾向,这一点从使命的早期特性上也可见一斑。宗教下的使命强调信徒受上帝感召而服务大众,这就是一种宗教下的亲社会倾向,它得以流传下来,使现代的职业使命感也具有了一定的亲社会成分。虽然亲社会倾向是定义职业使命的一个重要特征,但如果作为定义职业使命的唯一特征,仅强调使命就是看重工作对社会和世界的贡献,显然不太合适,这个界定的内涵过于狭窄。

表1-1 工作取向量表(Work Orientation Questionnaire,WOQ)

题目	非常不符合	比较不符合	有些不符合	中间程度	有些符合	比较符合	非常符合
因子一:工作取向(job)							
3. 如果我有足够的钱,我不会去找工作	1	2	3	4	5	6	7
8. 如果我有工资可以让我整天呆在家里,我不会工作	1	2	3	4	5	6	7

第一章 何为职业上的使命感

续表

题目	非常不符合	比较不符合	有些不符合	中间程度	有些符合	比较符合	非常符合
13. 我工作的主要原因是谋生,以让我在工作之外能主导自己的生活	1	2	3	4	5	6	7
18. 我工作的主要动机是经济方面,在经济上支持我的家庭和生活	1	2	3	4	5	6	7
23. 当我不在工作时,我不会怎么想工作的事情	1	2	3	4	5	6	7
因子二:生涯取向(career)							
5. 我想提升在自己领域的专业阶层,并承担额外的责任和义务	1	2	3	4	5	6	7
10. 我希望获得在未来工作领域的影响力和权力	1	2	3	4	5	6	7
15. 我希望在开启一份工作的五年后,提升自己的工作等级	1	2	3	4	5	6	7
20. 我期待有一天能在我的专业领域取得更好的位置	1	2	3	4	5	6	7
25. 我希望在未来的工作领域获得更高的职位	1	2	3	4	5	6	7
因子三:使命取向(calling)							
2. 我享受与别人一起讨论我未来的工作	1	2	3	4	5	6	7
7. 我视我未来的工作为人生的使命	1	2	3	4	5	6	7
12. 我的工作是我人生中最重要的东西之一	1	2	3	4	5	6	7
17. 我的工作将世界变得更好	1	2	3	4	5	6	7
22. 我的工作给了我人生的意义	1	2	3	4	5	6	7
因子四:社会嵌入(social embeddedness)							
4. 我未来的工作给了我一个成为某群体或团队一员的机会	1	2	3	4	5	6	7

续表

题目	非常不符合	比较不符合	有些不符合	中间程度	有些符合	比较符合	非常符合
9. 我希望与共事的人有社交联系	1	2	3	4	5	6	7
14. 我想付诸努力去成为组织的一员	1	2	3	4	5	6	7
19. 我在寻找一个可以让我感到像家一样的工作地方	1	2	3	4	5	6	7
24. 我希望与同事建立超过工作之外的私人关系	1	2	3	4	5	6	7
因子五:忙碌取向(busyness)							
6. 当我没有在工作时,时间似乎过得很慢	1	2	3	4	5	6	7
11. 我难以想象如若没有工作,我自己该如何度过我的时间	1	2	3	4	5	6	7
16. 我不喜欢无所事事,所以我喜欢工作	1	2	3	4	5	6	7
21. 当我休假在家时,我会很快开始感到无聊	1	2	3	4	5	6	7
26. 如若没有工作,我的人生将是空虚和乏味的	1	2	3	4	5	6	7

版权所有引用:Willner T,et al.,2020. Construction and initial validation of the work orientation questionnaire[J]. Journal of Career Assessment,28(1),109–127.

除了以上所述从不同的工作取向来解读职业使命,更多的研究则单独聚焦于职业使命感,关注如何更准确地定义"职业使命感"的内涵,不再关注其他的取向。诸多研究者对这个问题展开过讨论和探究,这里着重阐述几个被广泛接受的界定。其中一个早期很有影响力的界定来自于美国著名学者道格拉斯·霍尔,他和自己的博士生道恩·钱德勒将"职业使命"界定为是一个人将工作视为人生意义和目标的体验(Hall, Chandler,2005)。存在主义心理学的先驱学者维克多·弗兰克尔写过一句经典的话:"寻求意义是所有人类行为的首要动机(Frankl,1984)。"人生意义是个人对自己怎样活着的深层思考,虽然"人生意义"这个概念听起来很大、很泛,但它确实是很多人需要思考,人需要找到自己的方向和意义

第一章 何为职业上的使命感

才不至于迷茫。在霍尔等人的定义中,唯一强调的特征就是,那些把职业视为使命的人将工作当成自己人生意义的载体(Hall, Chandler, 2005)。这个定义虽然涉及职业使命感定义的一个核心特征,即意义性,但仍显得单一,且与工作意义感过度重合,工作意义感所强调的核心特征也包括通过工作获得意义,这导致职业使命感不易与工作意义感区分开。因此,该定义虽然简单清晰,但局限性很大,并且缺乏相应的测量工具,基本没有采用这个定义来开展实证研究的。

另外一个影响深远的定义来自于职业使命感研究领域的标志性学者布莱恩·迪克和瑞恩·达菲,两人在2009年对"使命感"进行了一个经典的界定,也是目前被广泛接受的一个界定。他们认为使命感源于自我之外的超然召唤,召唤人们去靠近某一个特定的生活角色。这个角色在一定程度上意在证明或获得一种目标感和意义感,并将利他的价值观或目标视为自己的首要动机。这个定义是一个综合的定义,并没有把使命感局限于职业或工作上,而是指向更广泛的生活角色,这个角色可以是多方面的。很多生活角色可以使人获得使命感,比如成为父亲/母亲的角色,这样的使命感可能使个人更渴望成为父母、对养育子女更负责(Coulson et al., 2012)。分解来看,他们这个定义的内核主要在三个方面:其一,使命感有来源,这个来源对使命感的形成非常重要,它是使命感的核心推动力量,而且他们认为该来源是外部的力量,而不是内部的力量。这种力量推动着一个人对某种角色产生特殊的倾向性,偏爱这个角色或强烈想成为这个角色,比如前文讲到的上帝,就是一个典型的外部推动力,因为对个人来说,上帝是一个自身以外的至高力量。类似的外部力量来源还包括很多,例如社会的需求,即因为感知到社会特别需要某职业而怀着使命感从事这项职业。再如宿命的注定,即感知到命中注定从事某职业,这些力量均不是来自个人内部,而更倾向于是自身以外的力量。其二,人们在这个特殊的角色中获得一种目标感或意义感,这一特征与霍尔和钱德勒(2005)的界定相一致,

使命：职业心理学的解读

即强调角色（如工作角色）与个人人生目标和意义的联结，是一个让人感到自己人生有意义的角色。其三，这种活动通常是做一些有益于公共福祉或社会的事，所以，具有使命感的人往往带有利他或亲社会的动机，想通过自己的角色为他人、社会或更大的世界做出贡献。以上三方面特征构成了界定职业使命感的三维度结构，这个界定后续被做过一次修改，将"职业使命感"的定义修改为：一个人相信自己的职业是人生目标感和意义感的核心组成部分，并通过职业去帮助他人或以某种方式去促进公共福祉（Duffy，Dik，2013）。修改者仍是迪克和达菲二人，在这个定义中，他们剥离了外在推动力量，但他们仍然承认使命感源自某种力量的推动，称其为超然的召唤（transcendent summons），而且他们不再认为使命的驱动力只有外在的力量，而是认为召唤的力量可以来源于外在，也可以来源于内在。目前，学界用以上提出的两个定义来开展的研究最多，也是目前被广泛采用的"职业使命感"定义。根据以上的定义，研究者编制了与该定义的内容相一致的量表（Dik et al.，2012），该量表包括三个核心维度：超然的召唤、有目标的工作（purposeful work）和亲社会取向（prosocial orientation）。该量表称为《使命与职业问卷》（Calling and Vocation Questionnaire，CVQ）（见表1-2），该量表可以测量两种职业使命感状态：怀有职业使命感（presence of calling）和寻找职业使命感（search for calling），后者的本质是个人目前还没有找到让自己感到职业使命感的职业，但自己想要拥有，所以仍在寻找中。但是，由于研究者们的兴趣大多集中在怀有职业使命感上，对寻找"职业使命感"这一部分题目的应用并不多。CVQ的信度和效度指标良好，均达到心理测量学的标准，用以定量地评估个人在多大程度上怀有职业使命感或寻找职业使命感，它是目前使用最广泛的职业使命感测量工具之一。

第一章 何为职业上的使命感

表1-2 使命与职业问卷(CVQ)

题目	非常不符合	有些符合	比较符合	非常符合
怀有 — 超然的召唤				
1. 我相信我受到了一种召唤而从事我的工作	1	2	3	4
8. 我不相信自己受到了自身之外的力量指引我的职业	1	2	3	4
11. 我受到了某种自身之外力量的推动而追求我的工作	1	2	3	4
23. 我追求自己的工作因为我相信自己被召唤去这么做	1	2	3	4
寻找 — 超然的召唤				
2. 我在寻找自己在职业上的使命感	1	2	3	4
13. 我渴望在职业上能有使命感	1	2	3	4
18. 我在试着想清楚自己在职业上的使命追求是什么	1	2	3	4
19. 我在试着找到自己注定要去追求的工作领域	1	2	3	4
怀有 — 有目标的工作				
3. 我的工作帮助我实现自己的人生目标	1	2	3	4
15. 我将自己的职业视为实现人生目标的途径	1	2	3	4
20. 我的职业是构成我人生意义的一个重要部分	1	2	3	4
24. 当我在工作时,我试图实现自己的人生目标	1	2	3	4
寻找 — 有目标的工作				
4. 我在寻找一份能让我实现自己人生目标的工作	1	2	3	4
6. 我意图构建一份能带给我人生意义的职业	1	2	3	4
14. 最终,我希望我的职业能与我的人生目标相一致	1	2	3	4
21. 我想追求一份与我存在于世的理由相契合的职业	1	2	3	4

使命：职业心理学的解读

续表

题目	非常不符合	有些符合	比较符合	非常符合
怀有 — 亲社会取向				
9. 我职业的最重要方面是它帮助去满足他人的需求	1	2	3	4
12. 对他人有积极作用是我职业的首要动机	1	2	3	4
17. 我的工作贡献于公共福祉	1	2	3	4
22. 我总是试着衡量我的工作如何能对他人有所助益	1	2	3	4
寻找 — 亲社会取向				
5. 我尝试想找一份能使这个世界变得更好的职业	1	2	3	4
7. 我想找一份能满足一些社会需要的工作	1	2	3	4
10. 我尝试想建立一份能有益于社会的职业	1	2	3	4
16. 我在找一份能明显的有益于他人的工作	1	2	3	4

版权所有引用：Dik B J, et al., 2012. Development and validation of the calling and vocation questionnaire (CVQ) and brief calling scale (BCS)[J]. Journal of Career Assessment, 20, 242-263.

此外，迪克等人还编制过一个更简短版本的量表(Dik et al.,2012)，称为《简式职业使命感量表》(Brief Calling Scale,BCS)(见表1-3)，该量表共包括4个题目，其中两个用来测量一个人怀有职业使命感的程度，另外两个用来测量一个人目前没有职业使命感但仍在寻找的程度。不同于CVQ的三维度划分，BCS不仅没有进行维度划分，而且题目数量极少，它在施测时直接给出职业使命感的定义，然后让受测者评估这个概念在多大程度上符合于自己的实际情况。该量表因题目量少，施测方便，而被广泛应用。但题目数量少是一把双刃剑，心理测量建议的题目数量一般最少也要有3个题目，题目少对于计算信度会有局限性，但BCS在两个分量表上各自都只有2个题目。一般情况下，该量表在信度计算时只计算

第一章 何为职业上的使命感

两个题目之间的相关系数。即便如此,BCS 的信度和效度指标仍被验证较为良好,可以被研究和应用所使用。

一般来说,职业使命感是指一个人相信自己受到某种力量的感召而从事某种职业,这种力量可能是诸如社会的需要、一个人的内在潜能或更高的力量等。以下的题目用来评估这个概念在多大程度上与你的生活或职业有关。请回答这些陈述在多大程度上符合你的情况,1 代表题目的描述与自己的情况非常不符合,5 代表题目的描述与自己的情况非常符合。

表1-3 简式职业使命感量表(BCS)

题目	非常不符合	比较不符合	中间程度	比较符合	非常符合
怀有职业使命感					
1. 我对某种职业怀有这种使命感	1	2	3	4	5
2. 我清楚地明白自己的使命式职业是什么	1	2	3	4	5
寻找职业使命感					
3. 我在试着想清楚自己在职业上的使命追求	1	2	3	4	5
4. 我在寻找自己在职业上使命追求	1	2	3	4	5

版权所有引用:Dik B J,et al.,2012. Development and validation of the calling and vocation questionnaire (CVQ) and brief calling scale (BCS)[J]. Journal of Career Assessment,20,242-263.

美国研究者斯图尔特·邦德森和杰弗里·汤普森在动物园的工作人员中开展了一项使命感研究,该研究也是一项重要而标志性的研究,因为这项研究较早地对"职业使命感"进行了开创性的定义,并对其作用机制进行了探究,研究结果具有重要的启发意义,为后续的"职业使命感"研究奠定了很好的基础。他们在该项研究中提出了一个对"职业使命感"的定义,即一个人因为天赋、才能或特殊的人生际遇而感到自己注定要去从事某一职业(Bunderson,Thompson,2009)。他们将这个定义称为"新古

使命：职业心理学的解读

典主义的职业使命感"(neoclassical calling)，意在区别于使命在早期的古典性宗教根源。也就是说，该定义依然强调在某种力量的召唤或推动下，使命感得以形成，但新古典主义强调的力量来源是天赋、才能或特殊的人生际遇。与多维度的定义相比(e.g., Dik, Duffy, 2009)，该研究的定义要更狭窄，本质上是只通过职业使命感的力量来源来定义职业使命感，而且只强调了三个特殊的使命感力量来源，但与其相似之处在于，他们强调的力量来源都是外在的力量，这些外在力量共同推动个人对某职业产生一种命中注定要去从事的感觉，让人觉得自己的才能和天赋决定了自己注定要从事某职业，这种命中注定不受自己的控制，是天意使然。他们也编制了一个简短的量表测量新古典主义的职业使命感(见表1-4)，该量表的信度和效度指标良好，但使用范围并不广，主要原因在于对职业使命感的定义更偏新古典主义，其界定的概念外延较为狭窄，且后续的研究更倾向于认可职业使命感中内在和外在的双重推动力，单一的外在推动力不足以概括职业使命感的内涵和外延。

表1-4 新古典主义职业使命感量表

题目	非常不符合	比较不符合	有些不符合	中间程度	有些符合	比较符合	非常符合
1. 我的工作感觉就像是我的人生使命	1	2	3	4	5	6	7
2. 有时觉得我命中注定要做我的这份工作	1	2	3	4	5	6	7
3. 我的工作感觉就像是我人生中的"绝配"	1	2	3	4	5	6	7
4. 我觉得自己是那种很适合于从事这份工作的人	1	2	3	4	5	6	7
5. 我对这份工作的热情始于孩童时期	1	2	3	4	5	6	7
6. 我注定要去做这份工作	1	2	3	4	5	6	7

版权所有引用：Bunderson J S, Thompson J A, 2009. The call of the wild: Zookeepers, callings, and the double-edged sword of deeply meaningful work [J]. Administrative Science Quarterly, 54, 32-57.

第一章 何为职业上的使命感

来自伦敦政治经济学院的研究者肖莎娜·多布罗,在哈佛大学攻读博士学位时就开始关注职业使命感这一主题,并开展了扎实地研究工作。她对职业使命感有简单且经典的定义,认为职业使命感是对某个领域的一种强烈的、具有意义性的热爱(Dobrow,Tosti-Kharas,2011)。这个定义首先强调的是强烈的热爱,即从强度上来讲,使命感不是简单的对某个职业感兴趣,它不等同于职业兴趣或工作兴趣,使命感的强度明显高于兴趣,它是对某个职业强烈的热爱,显然,个人喜欢某份职业和热爱某份职业是强度不同的体验。而且,这种热爱是一种内在的推动力,这不同于先前其他研究者对职业使命感的界定(e.g.,Dik,Duffy,2009;Bunderson,Thompson,2009)。热爱通常是发自内心的,不是外力推动而来的体验。比如,一个人说自己热爱一件事,通常他在内心极度认可这件事。热爱是一种强烈的内在倾向,即使有外在力量的推动,个人也已经内化了这些力量。这种热爱与个人的自我同一性有关,个人对某份职业的喜爱是其自我同一性的核心成分,才使得这份喜爱成为强烈的热爱。其次,该定义强调意义性的热情,即这种热爱中承载着意义感,让人感到做某个领域的工作有意义。这种对意义性的强调与先前的其他界定十分相似(e.g.,Hall,Chandler,2005;Dik,Duffy,2009)。可见,意义性是定义职业使命感时备受研究者们接受的一个成分。研究者在该定义的基础上,编制了一个职业使命感量表(Dobrow,Tosti-Kharas,2011)(见表1-5)。他们对该量表的信度和效度进行了全面而系统地检验,包括在多个样本群体中进行检验,以及采用纵向数据进行检验,数据结果显示的信度和效度指标较为良好,该量表的受认可度较好,也存在一定广度的应用范围。量表题目中会指明个人具体对哪个职业有使命感,所以使用者可以根据自己的实际情况来替换这些职业名称,比如,表1-5附的题目就是针对教师职业。肖莎娜·多布罗对职业使命感开展的核心研究工作均是采用该量表,她对一批音乐生开展了长达多年的追踪研究,其针对的职业领域是音乐方面。

使命：职业心理学的解读

表1-5 职业使命感量表(CS)

题目	非常不符合	比较不符合	有些不符合	中间程度	有些符合	比较符合	非常符合
1. 我对教学工作充满热诚	1	2	3	4	5	6	7
2. 我享受成为教师胜过其他所有事情	1	2	3	4	5	6	7
3. 成为教师能带给我极大的个人满足感	1	2	3	4	5	6	7
4. 我愿意为了成为教师而牺牲一切	1	2	3	4	5	6	7
5. 当我跟别人描述我自己时,最先想到的就是我是一名教师	1	2	3	4	5	6	7
6. 即使面对极大的阻碍,我还是愿意继续做一名教师	1	2	3	4	5	6	7
7. 我知道成为一名教师将是我生命中不可或缺的一部分	1	2	3	4	5	6	7
8. 我觉得我成为一名教师是天意	1	2	3	4	5	6	7
9. 教师这一职业一直以某种形式存在于我的脑海中	1	2	3	4	5	6	7
10. 即使没进行教学活动的时候,我仍会时常想到自己的教师身份	1	2	3	4	5	6	7
11. 如果没有对教师这一职业的投入,我存在于世的意义感会降低	1	2	3	4	5	6	7
12. 成为教师是一种能带给我深入触动与满足的体验	1	2	3	4	5	6	7

注：本量表题目以教师职业为例,在使用本量表时,具体职业可替换。

版权所有引用：Dobrow S R, Tosti-Kharas J, 2011. Calling: The development of a scale measure[J]. Personnel Psychology, 64, 1001-1049.

德国研究者塔玛拉·哈格迈尔和安德里亚·阿贝勒在2012年也探究了定义职业使命感的核心要素。他们的研究结果发现了定义职业使命感的五个维度特征,其中最重要的特征就是超然的导向力(transcendent guiding force),指来自更高的外在力量或内在力量的召唤而指

第一章 何为职业上的使命感

引个人去做什么,使个人有安全感和确定感。导向力中既包括外在力量,也包括内在力量,其中,受外在力量驱动的人群比例为三分之一,而受内在力量驱动的人群比例占三分之二。这说明现代人身上的职业使命感更多地由内在力量驱动,人们越来越觉得使命感应该是出于内在的热爱或兴趣而出现的体验。第二个维度为高度认同自己的工作(identification with one's work),甚至将工作纳入到自己的自我同一性中,将工作看成是界定自我的重要构成。第三个维度为个人-环境匹配(person-environment-fit),即工作适配于个人的天赋、才干和需要,让人产生一种工作非常适合于自己的感知。第四个维度为价值驱动行为(value-driven behavior),即个人有一种通过工作贡献于他人、社会,甚至是整个世界的意图。最后一个维度是意义性(sense and meaning),即使命就是这份工作对个人具有意义感。这五个维度特征中,有三个与先前研究者的界定相重合(e.g., Dik, Duffy, 2009),而工作认同和个人-环境匹配是新出现的两个特征,这两个特征也仅在这项研究中被重视。根据这些特征,研究者继续编制了一个多维职业使命感量表(Multidimensional Calling Measure, MCM)(Hagmaier, Abele, 2012)。(见表1-6),五个特征被归入三个维度下。他们还对该量表的信度和效度进行了检验,结果显示该量表在德国和美国这两个样本群体中的信度和效度良好。该量表有一定的应用范围,但并不广泛。

表1-6 多维职业使命感测验(MCM)

题目	非常不符合	比较不符合	有些不符合	有些符合	比较符合	非常符合
因子一:认同与匹配						
1. 我认同于自己的工作	1	2	3	4	5	6
2. 我对自己的工作充满热情	1	2	3	4	5	6
3. 做我的工作让我意识到自己的全部潜力	1	2	3	4	5	6

续表

题目	非常不符合	比较不符合	有些不符合	有些符合	比较符合	非常符合
因子二:超然的导向力						
4. 有一个内在的声音指引着我从事自己的工作	1	2	3	4	5	6
5. 我跟随一个内在的召唤而指引我走上自己的职业道路	1	2	3	4	5	6
6. 我感到命中注定做我从事的工作	1	2	3	4	5	6
因子三:意义和价值驱动行为						
7. 我的工作有助于让世界变得更好	1	2	3	4	5	6
8. 通过我的工作,我服务于公共福祉	1	2	3	4	5	6
9. 我对从事自己的工作有着高度的道德标准	1	2	3	4	5	6

版权所有引用:Hagmaier T,Abele A E,2012. The multidimensionality of calling:Conceptualization,measurement and a bicultural perspective[J]. Journal of Vocational Behavior,81,39-51.

对职业使命感定义的诸多探讨,凸显出职业心理学领域对此概念的浓厚兴趣。然而,没有统一的概念界定,导致实证研究中,各位研究者均是按照各自定义来开展研究。比如,美国学者布莱恩·迪克和瑞恩·达菲所开展的研究均是采用他们自己的定义,所采用的测量工具也是他们共同编制的 CVQ 或 BCS 量表;学者肖莎娜·多布罗的职业使命感研究则是按照她自己的界定而开展,所采用的测量工具均是其编制的 CS 量表。从这个角度来看,虽然研究者们开展的都是职业使命感研究,但每个人所研究的职业使命感并不完全相同。很难判定谁的界定是对的,谁的界定是错的,有一部分早期的定义显得有些单一,但它们捕捉到了职业使命感核心特征,为后续研究提供了基础,后期的定义会更加全面和精准。有学者通过研究对比了几个标志性的职业使命感测量工具,包括 BCS、CVQ、CS、MCM 和 Wrzesniewski 所编制的评估材料。他们发现这几个量表的信度和效度均表现良好,但最能反映一个人是否具有职业使命感的测量工具是 BCS,其次是 CVQ,然后是 MCM 和 CS,最后是 Wrzesniewski 所编制的评估材料(Duffy et al.,2015)。这一研究结论也显示了多维度的职业使命感定义比单一维度定义更加精准,在理解和评估自身职业使命感的程度时,应尽量采用多维度的职业使命感界定和测量工具。

总之,学者们对职业使命感的界定提供了诸多核心要点,也提供了实用的测量工具,体现出百花齐放的状态。近几年对职业使命感进行定义和测量的研究渐少,说明学界对该概念界定已经趋于明确。但这并不意味着这些定义达到了和谐共存,关于定义问题的后续任务是如何理清这众多的界定,有无统一的界定? 这一问题留到本章第三讲来继续探讨。

二、中国文化下的界定

由于在"使命"这个概念的发展上存在中西文化渊源的不同,导致在中国的文化背景下,对职业使命感的概念界定在一定程度上体现出独特的中国文化烙印。我自己开展过一项研究来探索职业使命感界定上的本土特征(Zhang et al.,2015a),这是一项质性研究,主要是询问人们:对某种职业怀有使命感是一种怎样的体验。研究对收集上来的 210 份质性文本进行了分析。结果发现,整体上,中国文化背景下对职业使命感的界定,在大维度上与西方的特征类似,其前三个大的核心特征被称为:导向力、意义与价值和利他贡献,但在导向力的具体来源上,中西文化下存在明显的不同。

首先,最重要的特征是导向力,这与西方化下对使命特征中导向力或超然的召唤的强调相一致,指职业使命感中有种力量引导着个人去趋近或强烈地想从事一份职业。这种驱动力量是界定职业使命感时最重要的特征,导向力中囊括了多个来源,其中包括责任感、被赋予的任务、家庭期望、社会或国家需要、内在信仰、命中注定和热爱等,这些都

使命：职业心理学的解读

可能是驱动职业使命感产生的力量。其中，最多被提及的力量来源是责任感，即使命就是人们认为自己有责任去从事某种职业。这种对责任的强调可能是中国文化下特有的印记，有句名言说：世界上有许多事情必须做，但你不一定喜欢做，这就是责任的涵义。责任推动了个人职业使命感的获得，责任与使命通常是紧密联系在一起的概念。当然，责任并不意味着个人一定不喜欢做这件事，歌德说过："责任就是对自己要求去做的事情有一种爱。"所以说，责任中带着一种超脱愉悦的爱，或者说是一种升华的爱。使命中的责任成分与中国的集体主义文化密切相关，也反映了中国传统儒家文化在等级和从属上的价值取向，因为使命中的责任也意味着去接受权威和上级所下达的命令或任务。在中国，构成权威力量的来源有很多，比如个人对家庭的责任，个人感知到强烈的社会需求，个人受到国家的号召。这些更具体的力量往往体现了责任感的部分来源，而对这些更权威力量的遵从是长久以来中国集体主义文化和传统儒家文化所强调的价值取向。例如，儒家文化历来强调家族和孝道，因此，对中国人来说，在职业生涯中满足父母的愿望、或服从父母的安排、抑或是延续家族的传承就是在践行着自己的使命，虽然这其中或许有一定程度的被迫性，但均是在完成着家庭或家族赋予的使命。研究中的一位被访者就谈及到，自己之所以选择护士专业，就是听从了父母的安排，因为父母觉得对女孩子来讲这是一个很好的选择，她说自己谈不上喜欢这个专业，只是自己满足了父母的期望，这对她来说就是一种使命。从这个被访者身上，可以看到对家庭期望或安排的顺从构成了一种导向力，且这一安排可能与自己的兴趣并不相符。当然，满足家庭期望的职业也不一定是自己不感兴趣的职业，比如我国的航天特级技师徐立平，他从事固体发动机整形工作，他对这份工作怀着极大的使命感，不惧危险，执着坚守岗位，这其中就有家庭安排和传承的力量。徐立平的母亲是最早进入我国火药发动机整形车间的员工之一，他家族中有 11 口人是我国航天事业

第一章 何为职业上的使命感

的从业者,在这个名副其实的"航天家庭"的影响下,徐立平从18岁一毕业就进入中国航天科技集团从事火药整形的工作,家族的传承使徐立平对自己的工作有着更强烈的兴趣和爱。再如,我国工程院院士钟南山,他对医学有着崇高的使命感,在我国抗击非典和抗击新冠疫情时都是领军人物,作出了卓越的贡献。而他早期走入医学领域也有着家族传承的力量,钟南山的父亲钟世藩是我国著名的儿科专家,他的母亲则是广东省肿瘤医院的创始人之一,是我国护理事业的先行者,舅舅也是医学博士,他身处名副其实的医学世家。在家族的影响下,钟南山大学学习医学,毕业后在医学领域工作,并成为一个对医学怀有极大职业使命感的人。从这些典型事例中可以看出,家族传承和期望下的使命并不一定与个人兴趣存在冲突。中国文化有着重视家族的传统,中国古代儒家经典著作《孝经》有言"夫孝,始于事亲,中于事君,终于立身",讲的就是中国人的孝道,从侍奉父母开始,中间阶段是效忠君王,最终建功立业,这是孝的圆满结果。儒家思想对孝、对家族极其看重,尊崇等级秩序,家族的权威性不容动摇,这些传统规范在中国人的成长过程中通过耳濡目染而得到潜移默化地强化。儒家文化的影响使现代的中国人依旧看重家族,一项研究发现,中国人所认为的工作意义不仅因为工作可以满足个人追求,更因为工作可以让自己照顾家庭和报答父母(Zhou et al.,2012)。因此,家族传承或家庭期望都构成中国人职业使命感的驱动力。

中国人职业使命感的导向力中包括社会需求和国家号召,个人因迫切的社会需求或国家号召而对某职业产生使命感。研究中的一位被访者就谈及自己对教师职业怀着使命感,这是因为他感知到教师是社会特别需要的职业,教书育人是一项利国利民的事情。中国是一个典型的集体主义文化国家,强调个人从属于社会和国家,社会和国家是高于个人的力量,个人应该优先考虑社会和国家的利益。集体主义有很大的优越性,新中国的发展与集体主义价值规范有着密切的联系,中国

使命：职业心理学的解读

人对集体的发展贡献了自己的价值。从近期的例子来看，在全国抗击新冠疫情的形势下，个人为了实现集体目标而牺牲了个人的一时利益，做出了个人认为应做的事情，每个人在抗击疫情的过程中都做出了自己的贡献，这是坚实的集体主义文化根基所带来的优势。中国现代史上，无数人怀着使命感参与到建设祖国的事业中，比如，上世纪五六十年代，有数以万计的转业军人、农民和知识青年响应党和国家的号召，奔赴艰苦的北大荒进行开垦工作。这些人身上就怀有着来自于国家赋予的使命感，践行着"艰苦奋斗、勇于开拓、顾全大局、无私奉献"的北大荒精神，这些人身上使命感的驱动力就是国家的号召。再如，我国著名瓜类育种专家、中国工程院院士吴明珠，1953年从西南农学院被分配到中央农村工作部，但她心中怀着国家的号召"到最艰苦的地方去"。她1955年主动请缨去边疆，一心报效祖国，在扎根边疆的50多年里培育出28个优良的瓜类品种。国家的号召是老一辈人使命感的重要来源。随着改革开放、市场经济和经济全球化的发展，外来文化与本土文化交融，个人主义文化的势头逐渐增高，集体主义文化价值的重要性在不断下降(Xu,Hamamura,2014)，导致来自社会和国家的号召对个人使命感的驱动也在降低。即便如此，集体主义文化仍在发挥着重要的作用，其微妙的影响依然存在。

导向力中的第二大成分就是热爱，即构成和驱动职业使命感的是个人对这份职业的热爱，这与某些在西方文化下的界定相一致(e.g.,Dobrow,Tosti – Kharas,2011)。热爱不同于责任感，它是一种更偏内在的驱动力。在著名的自我决定理论中(Gagné,Deci,2005)，出于对工作的热爱或享受工作的乐趣而从事一份工作属于内在动机，而且是最自主性的动机，这种动机满足了人对自主性的基本需求。如前文所言，热爱不同于简单的兴趣，它是一种更为强烈的感受，使个人对某职业产生一种强烈的倾向性。苹果创始人乔布斯讲过一句经典的名言："成就伟大事业的唯一途径就是热爱你所做的事，如果你还没找到这份热爱的

第一章 何为职业上的使命感

话,就继续寻找,不要屈就。"他在这里讲的热爱,也就是一种职业使命式的追求。这种热爱不仅存在于西方文化对职业使命感的界定中,也存在于中国文化对职业使命感的理解中。对内在驱动力的强调在逐渐凸显,这是文化交融的结果,与中国改革开放后的社会发展演变不无关系,文化的融合和经济的高速发展,使人们的价值观和对待职业的态度也在发生变化,个人对自我和内在需求的看重逐渐提升,对典型集体主义文化下的外在遵从越来越抵触,很多人开始反感集体主义文化下的价值观念(黄梓航 等,2018)。这也使传统的使命感有了更多内在力量驱动的涵义,个人对某职业的热爱和内在兴趣成为越来越凸显的驱动力。这种体验在新一代的年轻人身上表现得特别明显,他们中的大多数是独生子女,且处在互联网时代,信息和文化更易传输,这使他们更容易受到多元文化的影响,个人主义的价值观念凸显,个人对某职业的内在热爱和强烈兴趣成为发展职业生涯时越来越重视的因素,这体现了一种"我"的意识,人们逐渐开始看重职业是否能满足自我的心理需求。

除此之外,使命的导向力中也有少部分的命中注定成分,凸显出一种宿命感,即个人认为的使命就是一个人命中注定要去做的事情,这也与某些在西方文化下的界定很类似(e. g., Bunderson, Thompson, 2009)。有些人将其使命感归结为命运使然,本质上是在承认一种必然性,这呼应了中国传统的天命观,中国人相信命运。有些人因自己的天赋或某种人生际遇从事了让自己感到有使命感的职业,他们会在某个时刻意识到这是命中注定,这体现了中国人独特的归因方式,即命运归因。这种归因的人相信每个人都有自己的命数,之所以能从事某份职业是命运使然,自己的天赋、才干或际遇也是命运使然。连获得时代楷模和全国优秀教师称号的张桂梅老师都曾说过,她的从教之路有些"命中注定"。著名华人导演李安讲自己的电影之路也用"老天对我的厚爱""幸运""我这个人,命就是这样,就是应该拍电影"来形容,言语中

使命：职业心理学的解读

充满着对命运垂青的感叹。"2019年感动中国人物"，敦煌研究院名誉院长樊锦诗，也觉得自己在敦煌考古的使命感像宿命一样，因为自己在中学时就读到过关于莫高窟的课文，一直印象深刻，入读北大考古系后，总是关注与敦煌有关的信息，毕业时被分配到敦煌工作，在敦煌奉献了一辈子，她曾说："我给自己算了次命，我的命就在敦煌。"不管是张桂梅、李安，还是樊锦诗，对自己的职业使命感都做了命中注定的总结。命中注定是一个外在的驱动力，命运注定的东西是自身之外的难以抗衡的力量，是不能自主控制的力量。

综上所述，在中国背景下界定职业使命感时，导向力上体现出了多文化影响的印记。即使在全球化的进程中，本土的传统文化仍然在职业使命感的驱动力上有着深远的影响，对责任感和命中注定的强调都凸显出中国文化影响。另外，中国文化下的导向力中很少涉及宗教性的成分，而西方文化下强调导向力中有上帝的召唤或实现上帝赐予的天赋的意思（Hunter et al., 2010）。在这样的文化背景下，虽然也有少部分人将使命理解为个人对这份职业怀着一种信仰，但这个信仰并非是宗教信仰，而是个人对某份职业的一种内在的坚信。总的来说，在使命的导向力上，中西文化下表现出了一定的差异性，也有一定的相通性，比如导向力中的热爱成分，在中西文化的界定中都存在。

其次，职业使命感在中国文化背景下的界定中，第二个显著特征为意义与价值，与西方强调的个人意义性相似，即高职业使命感的人将职业与个人的人生意义、人生目标和人生价值联结起来。职业承载着人生意义的体验和实现。也就是说，具有职业使命感的人将职业作为一种对自己人生意义的表达。人活着，不仅要安身，还要立命；既要有安定的物质生活，也要让自己的精神有所寄托。将职业作为一种个人意义的表达，就体现了这种精神寄托，因为职业和工作是一个人人生的重要组成部分，人无法忽略职业这样一个获得精神需求的载体。很多人需要在职业中获得意义感，我在序言中写过，我国著名作家贾平凹在《文学的故乡》中讲过：

第一章 何为职业上的使命感

"我写作成了自己一个生存方式,也是我生命的表现方式,而且自己老觉得还有啥写,就像一个蚕一样,把嘴里的丝吐没有了,最后自己用那个茧,把自己包起来。"贾平凹的这种感受就是典型的人生意义的表达,自己生命的存在与职业和工作融合在一起,职业在彰显着个人存在的意义,因此,我们可以说他对写作或成为作家有深层而强烈的使命感。再如,前文提到的吴明珠院士对培育瓜类的使命感,她曾说:"瓜是我的生命,一天不去瓜地,我就觉得很难受,就好像母亲一天看不到自己的孩子。"这也是一种将生命与职业联结起来的表达,对职业的感情如对子女的天然感情一样,成为一种生命的本能。意义和价值基本是所有对职业使命感进行界定时必被提及的成分,因此,对职业使命感的讨论总是脱离不了人们对意义的追求和感知。

职业使命感在中国文化背景下的第三个核心特征为利他贡献,与西方文化下所强调的亲社会性动机类似,即职业使命感中包含一种利他、希望帮助他人或对他人产生好的影响,以及为社会和世界做出贡献的倾向。怀有职业使命感的人普遍具有这种利他贡献的倾向,相对于第二个特征中对个人价值和意义的强调,这个特征更倾向于强调社会价值和意义,即个人想通过职业实现自身社会价值的升华,通过职业来对社会和世界有所贡献。利他是中国的传统美德,《论语·学而篇》有言:"入则孝,出则悌,谨而信,泛爱众,而亲仁。"讲的是,在家要孝顺父母,在外要顺从兄长,要博爱大众。《孟子·离娄下》也有言:"爱人者,人恒爱之。"即爱别人的人,别人也会永远爱他。《孟子·梁惠王上》中被广泛流传的一段话:"老吾老,以及人之老;幼吾幼,以及人之幼。"即不仅要尊敬自己的长辈,还要尊敬别人的长辈。同样,不仅要爱护自己的子女,还要爱护别人的子女。这些传统的儒家思想中都透露着利他的大爱。近现代中国的集体主义文化更是看重和宣传利他、利社会和利国的价值观念,个人牺牲自身利益而优先他人、集体和社会利益被认为是极其高尚的事情,中国在道德模范的评选上更是将助人为乐和敬业奉献作为重要内容。可见,从古

使命：职业心理学的解读

至今，中国都有着鼓励利他贡献的文化土壤。在一些典型的具有职业使命感的人物身上，均可见利他贡献的特征。我国著名的"杂交水稻之父"袁隆平先生的一生事业就是研究和推广杂交水稻。他说过："我毕生的追求就是让所有人远离饥饿。"他的同学"瓜奶奶"吴明珠院士也说过："我的人生就是想多结几个瓜，把瓜的甘甜献给人民。"他们对自己人生事业的表达中都体现出一种利他的倾向，他们的职业使命感中有很强的利他动机，职业和工作让他们可以为世界和人类有所贡献。再如，云南省华坪女子高级中学的校长张桂梅，她是响应国家的号召，带着使命感，投入到云南的教育工作中去，并在家庭发生变故后，毅然将自己的一生奉献给贫困地区女孩子们的教育，让她们接受教育，改变命运，拥有自己的人生，这体现了典型的利他贡献。张桂梅的坚守就是职业使命感的体现，她既完成了自己的个人意义，也实现了社会意义。所以，在职业使命感中，为他人或社会做出贡献也会是实现自己人生意义的一种方式，这提示了使命中的意义性和利他性存在一些交叉或联系紧密的地方。个人意义和社会意义的融合是中国文化所强调的要点，集体主义文化看重个人对于集体的意义，独立的个人从属于更大的集体，所以对中国人来说，个人意义和社会意义的联系更为紧密，实现着社会意义，往往也收获了个人意义。当然，以上例子中人物的贡献都很卓越，但并不是说只有做到卓越贡献才可以称为怀着使命感，任何职业的存在都有其独有的贡献。这要看从事这份职业的人是否认为自己有所贡献，是否认为自己通过这份职业而为他人、社会、国家或世界做出贡献。

职业使命感在中国文化背景下的最后的一个特征就是主动进取，即职业使命感促使个体积极主动地去发展自己的职业生涯，强调职业使命感提供了一种积极主动、努力奋发的力量。比如，袁隆平院士说过："我做的工作是非常有意义的事。我身体还可以，脑瓜子还清楚，可以继续做对国家、对社会有意义的工作。我会鼓起勇气继续干下去，从'90后'一直搞到'100后'（指100岁）。"这就是一种主动进取的特征，凸显个人愿

第一章 何为职业上的使命感

意在职业中主动奋斗的体验,想一直从事这份职业,哪怕遇到困难,也会坚持,体现出一种韧性。如果说导向力强调使命的力量来源,那么主动进取则强调使命的力量去向,它使人们积极主动、奋发拼搏不言弃。从这个角度来讲,主动进取并非是职业使命感的一个核心维度,而是它的一个影响后效。

根据这些核心特征,我们编制了一个三维度的《中国职业使命感量表》(Chinese Calling Scale,CCS)(见表1-7),主动进取这个特征并未被实证研究提取出来,其原因可能在于主动进取并非界定职业使命感的核心维度,而是职业使命感的一个影响效果。该量表在多个样本群体被证实信度和效度良好,在男女性别之间具有等值性,适用于中国人群(Zhang et al.,2015b)。我所开展的多项以职业使命感为主题的研究均采用此量表作为测量工具,在这些研究中,该量表的信度和效度均表现良好,并具备跨时间的稳定性,是一个优良的职业使命感测量工具。

综上所述,在中国文化背景下,职业使命感的界定体现出了一些与西方不同的特征,主要在其核心特征之一的导向力上。中国的传统儒家文化和集体主义文化对职业使命感体验的影响较为明显。在理解和研究职业使命感在中国人群中的特征、作用和影响因素时,不能忽略本土文化这一重要背景。

表1-7 中国职业使命感量表(CCS)

题目	非常不符合	比较不符合	中间程度	比较符合	非常符合
因子一:导向力					
1. 我受到某种力量的感召而选择未来要从事的职业	1	2	3	4	5
2. 我感觉有一种无形的力量推动着自己去从事某职业	1	2	3	4	5
3. 与其他职业相比,我认为自己理所应当去从事某职业	1	2	3	4	5

续表

题目	非常不符合	比较不符合	中间程度	比较符合	非常符合
4. 我感觉自己注定要去追求未来所要从事的职业	1	2	3	4	5
因子二:意义和价值					
5. 我要找到一份能让我感到自己存在价值的工作	1	2	3	4	5
6. 我要在自己的职业中寻找到自己存在的意义	1	2	3	4	5
7. 我的职业是体现我人生价值的一种方式	1	2	3	4	5
因子三:利他贡献					
8. 我想从事的工作要对社会有所贡献	1	2	3	4	5
9. 我要从事一项能有益于他人的职业	1	2	3	4	5
10. 我不在乎自己的职业能否造福他人或社会	1	2	3	4	5
11. 我要通过自己的职业做些有益于社会的事情	1	2	3	4	5

版权所有引用:Zhang C,et al.,2015b. Assessing calling in Chinese college students:Development of a measure and its relation to hope[J]. Journal of Career Assessment,23(4),582–596.

第三讲 类型区分

从前文的阐述中可以看出,目前学术界对职业使命感的概念界定众多,处于一种百花齐放的状态,甚至有些界定之间差异很大,这在一定程度上体现出研究者们对职业使命感理解角度的不同,代表了他们各自不同的侧重点。百花齐放的状态有利也有弊,利在于推进和加深了人们对职业使命感的理解,弊则在于无法给出一个统一明确的界定,增加了人们在理解上的困惑。解决这一问题,需要回到这些界定本身,挖掘其中的共通性,进行更精准地概括。几乎同时,两批研究者提出了非常相似的职业

第一章　何为职业上的使命感

使命感分类亚型(i.e.,Thompson,Bunderson,2019；Dik,Shimizu,2019)，他们都进一步归类出职业使命感的类型，有助于更清晰地呈现出职业使命感这一概念的结构蓝图。

在两批研究者提出的职业使命感分类中，以 Thompson 和 Bunderson (2019)的阐述最为系统，他们借鉴了著名心理学家马斯洛的观点。马斯洛作为人本主义心理学的代表人物，为心理学界所熟知，他提出了著名的需求层次理论，这是一个流传度很广的心理学理论。在其理论中，他提出从低级需求到高级需求的等级层次，从生理、安全、归属、爱和尊重到自我实现，在这五个层次中，最高层的需要就是自我实现的需要。他在1967年的论文中指出，在他研究的所有自我实现的人中，都蕴含着奉献自己的特征，都具备了使命的倾向。因此，在马斯洛的观点中，达到自我实现的一个重要条件就是要具备使命感。马斯洛进而将这种使命感的动机条件区分为两类：

"一个可以称为对内在自我的回应，比如说'我爱孩子(或绘画、钻研)胜过世界上的任何东西。我着迷于它……我无可救药地想去……我需要去……'。我们把这称为'内在要求'，它更倾向于是一种自我嗜爱，而不是一种责任。它不同于'外在要求'，外在要求是对环境、情境、问题、外在世界的召唤等的回应，相当于一团火在那里等着被扑灭……这种情况下的人感到更多的责任和义务，迫使他们不得不去回应，不管他们本来计划做什么或希望去做什么。"

在这段描述中，马斯洛简单地用内在要求和外在要求区分了一个人可以面对的两种不同的使命感动机状态。借鉴马斯洛的这种区分，Thompson 和 Bunderson(2019)根据一个人具备的内在要求(内在的兴趣、热爱、个人意义、乐趣)和外在要求(责任、义务、来自外在世界的需求)，区分了四种不同的职业使命感状态：工作取向或生涯取向、新古典主义的使命感、现代主义的使命感和超然的使命感(如图1-1所示)。

使命：职业心理学的解读

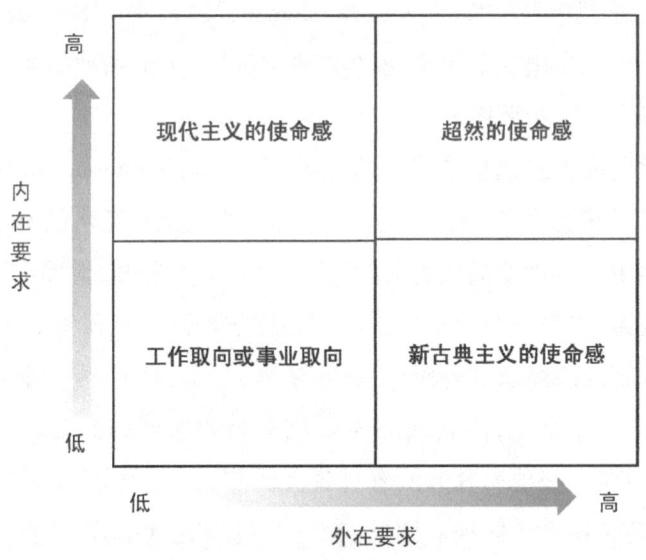

图1-1 职业使命感的类型区分

资料来源："Research on work as a calling … and how to make it matter"。

第一类：工作取向或生涯取向（job/career），其特征为个人的内在要求和外在要求都比较低，体现出的是一种无职业使命感或低职业使命感的状态，因此，该取向接近于职业取向视角下提出的工作取向或生涯取向（Wrzesniewski et al.，1997）。在这一类别中的人，驱动他们工作的力量既不是热爱和兴趣等内在要求，也不是责任或义务等外在要求，而是追求物质上的奖酬或职业等级上的晋升。不可否认，有些人就是怀着"不要跟我谈理想，理想不能当饭吃"的态度，这些人的职业和工作完全由金钱驱动，工作就是为了赚钱，满足自己生存所需的物质条件，他们更期待工作之外的休闲时光。或者，有些人怀着"出人头地"的目标，驱动其工作的因素是升迁和超越他人，要有好的发展，做更高的职位，当更大的领导。这两种状态的取向都不属于职业使命感的范畴。

第二类：新古典主义的使命感（neoclassical calling），其特征是个人只是外在要求高，而内在要求低。也就是说，驱动个人职业使命感的力量均是外在的要求，比如责任、社会的需求、命中注定等。正如前文所言，之所

第一章 何为职业上的使命感

以称为新古典,是因为古典的使命感驱动力仅限于宗教领域,新古典扩大了这种外在力量的范畴。例如,一个人并不是对自己的职业有强烈的内在兴趣或热爱,而是被外在的力量推动去从事这份职业。很多中国老一辈人身上的职业使命感都有新古典主义的影子,像前文提到的敦煌研究院名誉院长樊锦诗,她1963年从北京大学考古专业毕业,开始被分配到敦煌工作时,她是不想去的,因为那时敦煌的条件十分艰苦,但当时的大学生普遍怀有报效祖国和服务人民的价值理念,就算她内心不想去,还是听从了"报效祖国、服从分配、到最艰苦的地方去"等力量的号召,来到敦煌,一呆就是四十几年,大西北的恶劣条件让她无所适从,但因为怀着使命感,她还是坚持了下来。樊锦诗的职业使命感就是典型的新古典主义的使命感,初始驱动力是来自国家的号召和安排,并对敦煌的考古事业有一种责任和义务,这又构成了她的第二个外在驱动力,没有这两个驱动力,她可能无法在艰苦的敦煌坚持下来。樊锦诗身上有着老一辈人典型的对责任和号召的看重,在如今来看,依然显得难能可贵。再如,日本著名寿司名厨小野二郎,他的大儿子叫小野祯一。父亲小野二郎开着日本最知名的寿司店,一辈子的使命就是做好寿司,小野二郎严厉又冷酷,小野祯一不得不子承父业,他肩负着传承父亲衣钵的使命,但他并不爱做寿司,而真正热爱的是赛车,但这个使命追求却很难实现。在他心中,传承父亲的寿司衣钵是一件非常重要但又有压力的事情,小野祯一对从事寿司事业的职业使命感也是新古典主义的使命感,其驱动力是对父亲的责任和家族事业的传承。在以往的定义中,已经有研究者采用过新古典主义的使命感这一称呼(e. g., Bunderson, Thompson, 2009),其定义中强调的是外在驱动力,包括天赋、才能或特殊的人生际遇等造就的命中注定感。另外,多维度视角下的界定也有比较接近新古典主义使命感的成分(e. g., Dik, Duffy, 2009),因为在这些定义中,同样强调超然的召唤来自外部驱动力。

第三类:现代主义的使命感(modern calling),其特征为一个人只是内

使命：职业心理学的解读

在要求高，而外在要求低。驱动这些人职业使命感的力量是个人的内在力量，典型的内在驱动力就是热爱、兴趣和乐趣等。他们从事一份职业完全是出于自己内心长久存在的对这份职业的兴趣、对这份职业的强烈热爱和极大的乐趣，令自己乐在其中。比如，很多走上歌唱或演艺生涯的艺术家们，总是说自己对演唱或戏剧表演非常热爱，这也就是在说他们对唱歌或演戏怀有一种内在使命感。美国著名演员汤姆·克鲁斯就曾说过："我拍电影就是为了娱乐观众，这一直都是我生命中最重要的事情，因为我自己也喜欢享受娱乐，我热爱电影，我也热爱音乐，我也热爱艺术。身为观众，我也想要最佳的娱乐效果。我很荣幸和骄傲自己能有机会拍电影，这也是我想做一辈子的事。"他这段话的本质就是在说自己对电影艺术的热爱，这种热爱驱动着他的电影之路，这既对他很重要，又让他乐在其中。再如，我国著名作家余华曾自嘲过，在早期他选择写作有功利性的成分，但这种功利性慢慢消失了。他说："现在我写作已经完全是因为热爱，没有一点功利性。其实作家在从事写作的时候，大部分人可能都会有功利的一面，但当他真正进入到这个领域之后，功利性就会慢慢消失。"可见，即便余华老师早期对写作是一种工作或生涯取向，但后期则是单纯的热爱，他享受着写作。再如，前文提到的小野祯一，他对做寿司是一种新古典主义的使命感，但其实他年轻时热爱的是赛车，梦想做一个赛车手。那么，赛车对他来说则是具有现代主义使命感的职业，其驱动力是内心的热爱和兴趣。我国著名餐饮企业西贝的董事长贾国龙也说过自己对开饭馆特别有兴趣，而且自己也很擅长，他对吃的东西特别有兴趣，自己排解焦虑的方式就是享用美食。在他身上也反映了现代主义的使命感，其驱动力是自己对"吃"感到的强烈兴趣。在众多的职业使命感定义中，Dobrow 和 Tosti–Kharas(2011)的界定就是典型的现代主义的使命感，因为该界定的内核是一种强烈的、具有意义性的热爱，这体现的是内在要求。

第四类：超然的使命感(transcendent calling)，其特征为内在要求和

第一章 何为职业上的使命感

外在要求均处于高水平。超然的使命感需要内在要求和外在要求的高度融合,两者和谐地共存于一体。比如,一个人既热爱一份职业,也感到自己有责任去做这份职业。马斯洛在论述自我实现者的使命感时讲到,这些人不是单独地感到驱动自己职业的内在要求或外在要求,而是实现了两者的融合。当这种融合实现时,个人就会体验到和谐感、必然感或命中注定感:"在理想状态下,很幸运地说,这种理想状态也发生在我的身上,'我想去做'和'我必须做'正好相符合,内在的要求和外在的要求完美融合。人会震撼于它的无力抗拒、它的命中注定、必然与和谐。"因此,最理想的状态和类型就是使命感中的内在要求和外在要求达到完美融合,也是积极效果最好的一个类型。比如,我在前文提到的张桂梅老师,她最初响应国家号召而投身教育工作,这是典型的外在要求,是外在驱动力。同时,她又热爱教育事业,特别是在经历了某些人生际遇后,她对教育事业的热爱达到了忘我的地步,将毕生奉献给教育和贫困地区的学生们,这是内在要求,是内在驱动力,她身上体现出的超然使命感就实现了内在要求和外在要求的完美融合。再如,著名网球运动员李娜说过:"很多我那个年龄的小孩,都是为了父母的意愿去做一些事情,等你真正坚持下来以后,我就会发现原来自己真的很热爱网球这个事业。网球让我变得坚强、变得强大。"李娜对网球事业的使命感始于家庭的驱动力,是父亲看到了她身上的天赋,为她做出了打网球的选择。李娜的父亲曾经是羽毛球运动员,梦想能拿到全国冠军,这个梦想一直没有实现,父亲希望看到女儿李娜可以拿到全国冠军。父亲的意外过世,让李娜对网球的感情变得更深了,因为网球承载了父亲对她的期望。因此,早期驱动李娜网球使命感的力量是父亲的心愿,这时她有的只是外在要求,但后来她逐渐爱上了网球,她说自己用了十五年的时间才真正爱上网球,达到了热爱的程度。这时她达到了内在要求,最终实现内在要求和外在要求的融合,既承载了父亲的心愿,又真正热爱这项事业。在这些具有超然使命感的人身上,可以看到内在要求和外在要求达到了高度融合,

使命:职业心理学的解读

这是一种很完满的状态。如果只有外在要求,则显得不够自我,如果只有内在要求,又显得过于自我,只有二者统一,才会达到和谐的结果。

以上就是 Thompson 和 Bunderson(2019)提出的职业使命感四个亚类型,其中的部分亚类型,在另一项研究的类型探讨中也被提出(Dik,Shimizu,2019),但该研究只区分了新古典主义和现代主义使命感这两种类型,未提到超然的使命感。他们把现代主义的使命感定义为受内在力量驱动去工作,强调这种力量源于自我实现、个人的满意感和热爱。而新古典主义的使命感则通常受外在的或超然的力量召唤,如强烈的社会需要、家族的传承、或命中注定的感觉等。这种召唤对个人来讲同样是有意义的,且往往也带有亲社会的动机,推动个人来施展自己的天赋,想对社会有积极的贡献。从这两个类型的界定中可以看出,它们与 Thompson 和 Bunderson(2019)的界定基本一致,强调两个类型:其一是源自内在驱动力,其二则是源自外在驱动力。

以上的职业使命感类型在一定程度上得到了实证研究的支持。我曾在 684 名中国大学生人群中对这四个类型进行验证(Zhang et al.,2022a),采用潜在剖面分析的方法,基于职业使命感的内在驱动力(如热爱、内在的坚信)和外在驱动力(如国家的责任、社会的需求、家庭的期望),这些驱动力均是典型的中国文化下职业使命感所具备的推动力量。这项研究发现了五个职业使命感类型,(如图1-2所示)(1)非常不具使命感,该类型的人,在内在和外在驱动力上都很低,反映到他们对自身职业的感知,既非出于热爱或兴趣等内在驱动力,也非出于对国家、社会或家庭的责任等外在驱动力,他们怀有的最可能是 Thompson 和 Bunderson(2019)界定的工作取向或生涯取向,该类型的人群占比为 7%。(2)轻度不具使命感,该类型的人在内在和外在驱动力上也不高,但又不算很低,这些人的职业取向不太明朗,他们没有感受到强烈的驱动力,相对来说,他们的使命感仍然较低,仍然属于工作或生涯取向。该类型的人群占比高达 48%。(3)现代主义的使命感,该类型的人仅在内在驱动力上较高,但没

第一章 何为职业上的使命感

有受到外在驱动力的推动,也就是说,他们的使命感来自自己对某份职业的内在热爱或兴趣,但该类型的人群占比较低,仅有4%。(4)超然的使命感,该类型的人在内在和外在驱动力上均较高,他们同时受到两方力量的驱动,该类型的人群占比为37%。(5)高度超然的使命感,该类型的人也是同时受到内在和外在驱动力的推动,而且两个力量的影响都比较大,该类型的人群占比也较低,只有4%。纵观本研究的结果可以看出,它们在一定程度上支持了Thompson和Bunderson(2019)提出的分类,但本研究并没有发现新古典主义的使命感,这可能说明在现代中国的文化背景下,单独被外在力量驱动的使命感较少,他们很难会仅由责任或社会需求等力量驱动去从事一份缺乏兴趣和热爱的职业,而缺乏对该职业的兴趣和喜爱。当然,相对比来看,同样也确实很少有人会被单独的内在力量驱动而怀有使命感。这说明,在中国文化下,内在和外在驱动力在促进个人职业使命感上通常并不是割裂开的,而是融合于一体,特别是外在驱动力,个人可能很难接受单一外在驱动力的推动,外在的力量需要经历不断的内化过程,它最终被自我真正地接受,达到内在和外在的和谐统一。因此,在中国的文化背景下,多数人的使命感可能是驱动力内化与融合的结果,这体现了中国文化中对和谐的看重,中国古代的经典著作《易经》讲到,世界万物都包含着阴和阳两面,阴阳的概念范畴很广,它们通常是事物的两个对立面,阴阳本是两个对立面,相互冲突,但在中国哲学中,鼓励的最佳状态是阴阳和谐,两者共生共存共处,非但不冲突,而是互补,在内部达到协调平衡。职业使命感的外在要求就好似"阴"的一面,而内在要求则好似"阳"的一面,两者看似对立,比如人为了责任而放弃自己的热爱,但实际上,两者也可以是平衡的。比如,人可以在责任中获得热爱,从而感知到超然的使命感。所以,传统哲学思想既承认两个对立面的独立性,但它追求的是内部的平衡与和谐,这一点与西方文化的价值观念有所不同。西方文化更重视事物的独立性,更强调对个人独立的表达,对职业使命感的内在要求可能会更多,这也意味着职业使命感的类型和比例在

使命：职业心理学的解读

中西文化下会有所不同。这些只是推测，因为目前西方还没有对职业使命感的类型进行实证探索，仍缺乏实证证据。

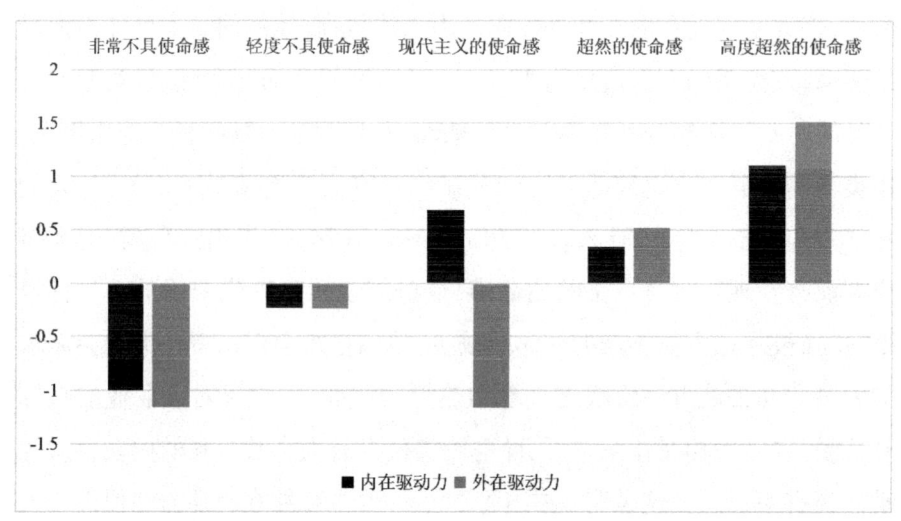

图1-2 张春雨等人的研究中得到的职业使命感类型

资料来源："Profiles of calling and their relation to university－to－work transition outcomes"。

在以内在和外在驱动力（要求）为依据的典型分类之外，还有部分从其他角度考虑的分类。瑞士的著名职业生涯研究者安德烈亚斯·赫斯奇在2011年针对德国人群的研究中发现了三个类型的职业使命感，这些类型提供了怀有职业使命感者的更多样化的特征：第一个类型称为"负性的职业自我中心类型"（negative career self－centered）。这一类型下具有职业使命感的人非常看重工作，认为工作在他们的人生中占有非常重要的位置，他们很追求上进，但身上存在明显的不足，主要体现为他们缺乏自我探索，对自我的认知不够，而且对自己的评价相对较低。可能这一类型的人空有一腔使命感，却没有积极的自我认知和探索。这样状态的职业使命感很难发挥积极的作用，因为他们并不清楚自己真正想要的东西，对自身的了解不够深入，也没有自信。他们的职业使命感比较脆弱，因为它所赖以长久发展的自我根基不够坚固，很容易被现实所击碎。第二个

第一章 何为职业上的使命感

类型称为"亲社会的宗教性类型"(pro-social religious),这一类人的职业使命感有很强的宗教性基础,前文已经讲过,西方文化下的使命感有很强的宗教渊源。这一类型的人本身很看重宗教信仰,同时又有很强的亲社会动机,想对这个世界有所贡献。可见,这一类型的特征非常明显且有区分性,宗教驱动力在这一类型的人身上凸显出来,是一种古典主义的职业使命感,在这一类型的人身上体现到了使命感的神圣性,他们有着神圣力量的指引,又有着崇高的奉献精神。第三个类型称为"积极的多样工作取向"(positive varied work orientation),这一类怀有职业使命感的人具有很好的职业生涯发展行为:目标明确、决策清晰、探索充分、有信心且十分投入,也对自己有积极的评价,同时他们在各类价值观上比较平均,没有突出自己看重哪一方面,价值取向上足够兼容。因此,这一类型十分积极,生涯特征基本处于较好的发展状态,又怀着多样化的价值观,价值观系统具有开放性,他们身上较少有负面特征。后续也有研究试图重复验证这三种类型,典型的就是一项在美国人群中开展的研究,该研究重复验证出了"负性的职业自我中心"和"亲社会的宗教性"这两个类型的存在(Shimizu et al., 2019)。这在一定程度上说明,这些类型在西方的不同背景下具有可推广性。

总之,类型论的视角为职业使命感的界定提供了更加结构性的理解,通过对以上职业使命感类型的区分和讨论,个人不仅需要清楚自己是否具有职业使命感,更要知道如果自己怀有对某份职业的使命感,那么自己属于哪一种类型。虽然并不是人人都可以有超然的使命感或"积极的多样工作取向"使命感,但是如果具有超然的职业使命感,做到内在力量和外在力量的完美融合,最符合中国哲学,既满足了更高力量的外在要求,又无愧于自己的内心。这是一种比较圆满的状态,也更接近于马斯洛所说的自我实现的状态。

第四讲 外在动机

有些人可能怀着这样的一种认知,即具有使命感的人热衷于工作,主动投入工作,有着很强的内在动机,他们不看重物质和金钱,甚至他们会勇于牺牲掉物质和金钱。这种认知不是毫无依据,媒体上广为宣传的具有职业使命感的人总是那些物质生活不富足,甚至是非常困苦,但精神世界无比满足的人。比如云南省华坪女子高级中学的校长张桂梅,人们高歌这些人的自我牺牲精神,赞扬他们为了大爱而放弃小我的精神。这也给人们造成了一种印象,即使命感一定是崇高的,一定不能沾染物质和金钱,一个具有职业使命感的人应该是脱离了低级需求的人。这种理解是不对的,实际上,职业使命感并非物质金钱的对立面,一个怀有职业使命感的人同样可以有物质的需求,"张桂梅们"的使命感固然崇高而伟大,是人们应该歌颂和赞扬的榜样,但我们不应期待怀有使命感的人都该如"张桂梅们"一样,牺牲自己的全部个人利益,"苦其心志,劳其筋骨,饿其体肤,空乏其身"。

自"职业使命感"这一概念被心理学提及以来,就被认为与工作动机(work motivation)存在紧密的联系,早期的研究确实带给人们一种印象,那就是怀有职业使命感的人看重内在的追求,而不在乎外在的物质奖酬,比如早期研究区分的工作取向和使命取向(Wrzesniewski et al., 1997)。这些区分明显在说,看重物质追求的工作取向和看重工作所带来的实现感和满足感的使命取向是两个独立甚至对立的取向。从工作动机角度来看,内在动机一般是指个人因为工作或职业本身的乐趣而从事它。理论上来说,这种内在动机与使命取向的相关性更大,因为感知到工作的乐趣是一个驱动职业使命感的内在动力,这种关联性导致职业使命感与内在动机从概念上更为接近;而外在动机则一般指工作的意图受外在因素的控制,如获得薪酬或避免威胁,它与看重物质追求的工作取

第一章 何为职业上的使命感

向的相关性更大,因为两者都强调因受物质薪酬等外在因素的驱动而工作。

在进一步探讨职业使命感与工作动机的关系之前,有必要先对工作动机进行简要地介绍。工作动机是心理学中非常传统的主题之一,对工作动机进行系统探讨的现代理论之一就是自我决定理论(self-determination theory)(Gagné, Deci, 2005)。该理论将动机视为一个连续体,(如图1-3所示),连续体的两端分别是控制性动机(controlled motivation)和自主性动机(autonomous motivation),在两端之外存在无动机(amotivation),即完全没有自我决定的成分,个人没有行动的意图。在连续体上最控制性的动机是外部调节的外部动机,持有外部动机的人不是因为乐趣而工作,而是出于获得期望的结果而工作,比如期望得到别人的认可、赞许,或得到外在的奖酬,这些期待的结果完全是个人之外的东西。动机连续体上的其他类型则取决于外部调节在多大程度上被个人内化。在自我决定理论中,根据内化程度不同,分类出三个动机:内摄(introjection)、认同(identification)和整合(integration)。内摄动机指某些外部调节已经被个人纳入,但又没有被完全接受。比如,他们的行为受个人之外的价值或力量的调节,个人之所以受其影响是因为这些力量来自外在的权威,譬如个人为了取悦他人或避免让他人失望而工作。认同动机则是个人为自主目标而认同一个行为的价值,个人的行为受到自己认同的价值观的调节,但这些价值观并非是自己本有的价值观,譬如一个人因为任务的重要性或意义性而工作。内化程度最高的外在动机是整合动机,这时个人认同的目标和价值观等已经成为自己不可分割的一部分,成为定义自我的一部分,做某份工作不仅是因为它很重要,还因为这份工作与自己的自我和生活已经高度联结。

使命：职业心理学的解读

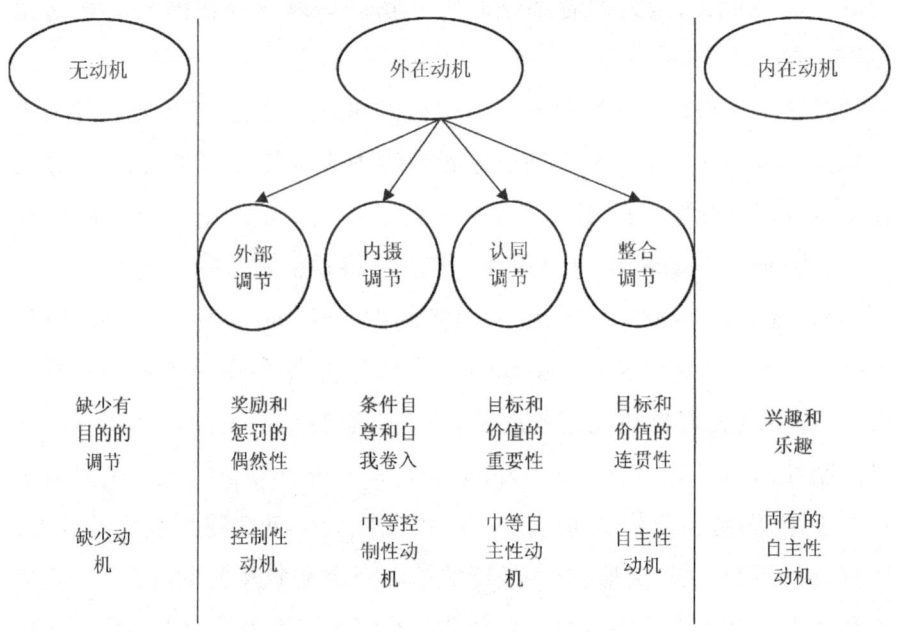

图1-3 自我决定理论下的动机类型

资料来源："Self-determination theory and work motivation"。

那么，是不是职业使命感在贴近内在动机的同时，就要摒弃那些最外在的动机呢？我们可以从几项研究中获得一些解答。首先，的确有研究证据显示，具有职业使命感的人更有可能会因为自己对工作的热爱，而牺牲掉一部分物质奖酬。典型的证据来自一项对在动物园工作的动物饲养员开展的标志性研究（Bunderson, Thompson, 2009），该研究发现，怀有职业使命感的动物饲养员们对照顾和饲养动物具有很强的责任感，这种责任感促使他们会做出自我牺牲。比如，哪怕没有额外的物质薪酬，他们也愿意利用非工作时间来工作，愿意接受无薪加班，他们甚至明白，放弃休闲时间来工作或没有加班费是不合理的工作行为，但仍然会选择接受。比如，在这项研究开展的访谈中，一名动物饲养员就说："对我来说，在这工作无关钱的问题，我在这工作的薪酬是每小时9美元，但我每天开车上班会经过赛百味快餐店，那的告示牌写着'招聘，每小时9美元起'，我赚

第一章 何为职业上的使命感

的钱跟麦当劳员工赚的一样多,所以,我在这工作显然不是为了钱。"这一研究结果也意味着怀有职业使命感的人似乎更不在乎外在的物质薪酬。这样的观点也得到另一项研究的支持(Dobrow, Heller, 2015),该研究对一批音乐生进行了多年的追踪调查,发现那些最终从事专业音乐之路的人,与那些没有从事音乐相关职业的人相比,赚取的薪酬更低。他们对自己的薪酬不满意,他们也更可能在从事着不稳定的兼职工作或者自由职业,但是与这些劣势的外在物质环境形成鲜明对比的是,他们却依然对自己的工作和生活感到满意。因此,在他们身上,糟糕的薪酬状况并没有影响他们对工作的积极态度。这说明,对于这些怀有职业使命感的人,工作的外在因素没有内在因素重要,或者说这些人的外在目标和要求要低于内在目标和要求。这就像前文所提到的张桂梅校长那样的人,他们把所有的时间和精力都用在了工作上,看起来没有别的休闲追求,他们的物质生活也非常匮乏,但这些丝毫不影响他们对自己工作的感情。以上的研究启示我们,当工作上的内在因素和外在因素存在冲突时,具有职业使命感的人更倾向于牺牲外在因素,而优先保护工作所带来的内在满足,体现为内在优先于外在。

有研究更直接探究了职业使命感与工作动机之间的关系,发现职业使命感与偏内在的工作动机更为贴近。比如,在英国的牧师群体开展的一项日记研究(Conway et al., 2015),该研究发现牧师们在日常的工作中努力践行自己的职业使命感,满足了他们的内在动机和认同动机,这两个动机都是偏向自主性动机的类型。然而,这种践行职业使命感并不会与偏外在或控制性的动机有关系,比如,它与内摄动机没有显著的关系,也就是说,怀有职业使命感的人没有因为避免让自我受到谴责或避免让别人对自己感到失望而工作。总体而言,这个研究的结论就是,职业使命感与偏内在的工作动机关系更紧密,而与偏外在的工作动机基本没有关系。当然,也有研究的结论得到了略显不同的发现,在多个职业群体的一项研究中发现,在不同的职业群体中,职业使命感与

使命：职业心理学的解读

工作动机的关系并不一致（Dobrow, Tosti - Kharas, 2011）。该研究发现，职业使命感与内在动机的正相关关系在音乐专业学生、艺术专业学生和职业管理人群体中存在，但在商学专业学生群体中不存在。而令人惊讶的是，职业使命感也与外在动机存在正相关关系，这种关系只存在于商学专业学生和职业管理人群体中，但在音乐专业和艺术专业学生中不存在。这一方面说明，人们的专业或从业领域对职业使命感与工作动机的关系有所影响，两者的关系不能简单地一概而论，另一方面也说明，职业使命感与内在动机和外在动机的关系可能并非那么简单，并不是说一个具有职业使命感的人一定只看重工作所带来的内在乐趣，而不看重工作所带来的外在奖酬，在某一部分人身上，职业使命感越高，所追求的物质奖酬也可能越高。

类型论的研究思维为我们提供了理解职业使命感与工作动机之间关系的另外一种可能。有两个典型研究的结论为我们提供了启示，其一，前文提到过的一项于德国人群开展的研究（Hirschi, 2011），其发现的三个职业使命感类别之一，称为"积极的多样工作取向"，在这个类别中，怀有职业使命感的人表现出了多样的工作价值取向，他们同等看重利他、自主、金钱、声望和权威等价值观。也就是说，一个人可以同时怀有职业使命感，又兼有对金钱、地位和声望等的追求。这说明，职业使命感与偏外在的工作动机并不冲突，它们不仅可以共存于一体，而且是处于一种积极的状态中，这些人的职业发展特征更好，又有平衡的多样价值观，达到价值观的内部和谐。其二，我也开展了一项对1290名中国就业人群的分类研究（Zhang, Hirschi, 2021a），关注职业使命感与内在动机、认同动机、内摄动机和外在动机的可能组合，该研究发现了四个多动机驱动的职业使命感类型，（如图1-4所示）：外在动机驱动的低使命感、中度外在动机驱动的使命感、中度驱动的使命感和高度驱动的使命感。其中，外在动机驱动的低使命感特征为：这些人只有外在动机比较高，而职业使命感和其他的动机都很低，该类人数占比有3%。

第一章 何为职业上的使命感

这显示,这些人的职业使命感低,也体现出外在动机高,两者处于此消彼长的状态,显得对立而不可兼容。第二个类型则是中度外在动机驱动的使命感,表现为一些人有一定程度的使命感,但其内在动机、认同动机和内摄动机都较低,只有外在动机比较高,该类人数占比为18%。第三个类型为中度驱动的使命感,表现为一些人的职业使命感水平中等偏上。同时,内在动机、认同动机和内摄动机也处于中等偏上的状态,而外在动机依然比较高,该类人数占比为46%。第四个类型就是高度驱动的使命感,该类型下的人,职业使命感与四类动机的水平都很高,该类人数占比为33%。这意味着,哪怕是怀有高度职业使命感的人,其外在动机水平也可以是高的,不能说一个人因为有高度的职业使命感,就不会有高水平的外在动机,两者不仅不冲突,反而可以同时持有。可见,不管一个人的职业使命感是高还是低,他们都持有高水平的外在动机。也就是说,一个人具有职业使命感并不意味着他不看重物质金钱。另外,本研究还发现,高度驱动的使命感具有最积极的作用,具备高度激发的职业使命感的员工比其他类型的员工表现出了更高的工作满意度、更低的离职倾向和更低的愤世嫉俗感;而外在动机驱动的低使命感则具有最消极的作用,这支持了自我决定理论的观点,即偏内在的工作动机对个人的幸福感和工作表现具有更积极的作用。综合以上的两项研究证据显示,职业使命感与外在动机并非一定是对立关系,一方面,一个具有职业使命感的人可能会在工作的内在和外在因素中,优先内在而牺牲外在;另一方面,一个具有职业使命感的人同样也会同等看重工作的内在和外在因素。中国台湾著名心理学家杨国枢教授在其《四十年一觉学术梦》一文中讲道:"天下最理想的状况,就是你的'志业'跟'职业'合而为一,不但有薪水可以生活,又可以在里头安身立命,觉得你的生命有意义有价值,又不斤斤计较时间,这是很多人的希望,但并不是人人都可以如此。"杨教授所讲的就是职业使命感与外在动机的共存,"安身立命"和"有意义有价值"体现了职业使命感的特

使命：职业心理学的解读

征,"有薪水可以生活"则是外在动机的特征,这种共存且均被满足的状态在他眼中是最理想的状态,也是很多人期望的状态。

厘清职业使命感与工作动机的关系是一个重要的议题,因为这有助于打破现实中的一些刻板印象,并减少潜在存在的隐形剥削。我们不希望人们有这样的一种刻板印象,即怀有职业使命感的人只看重工作的内在乐趣或意义,而不看重外在的物质奖酬。我们不需要给职业使命感扣上道德的枷锁,不需要一个具有职业使命感的人要高尚到舍弃物质和金钱,职业使命感和外在动机并不是冲突的对立关系,要允许具有职业使命感的人在内在和外在上都得到满足。

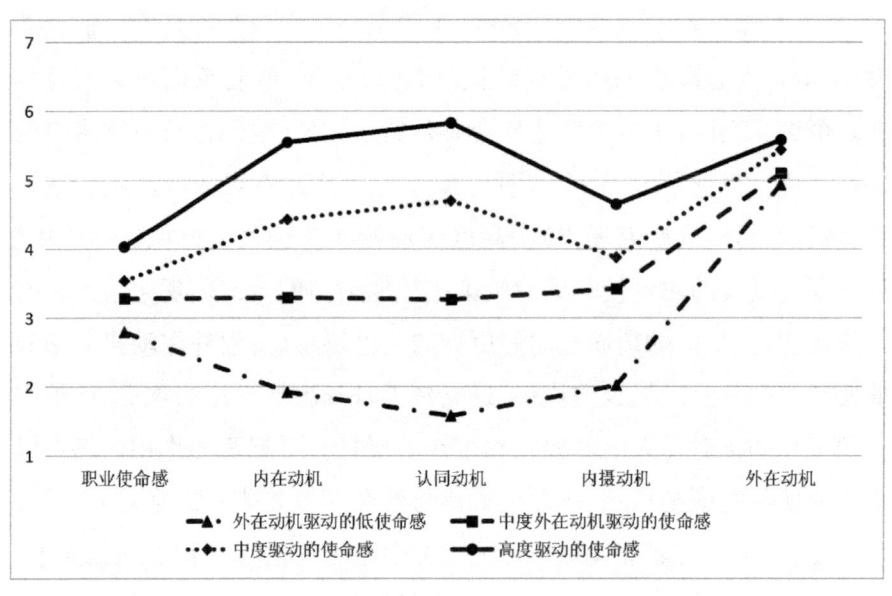

图1-4 职业使命感与工作动机的组合类型

资料来源:"Forget about the money? A latent profile analysis of calling and work motivation in Chinese employees"。

理解了这层关系后,具有职业使命感的人要学会对隐形剥削说不,组织也应该意识到隐形剥削的不正当。使命感绝不是组织或领导对员工个人减少外在奖酬的借口,不能说一个人因为具备使命感,就不在乎外在的物质金钱,所以少拿点薪酬或奖励,他也是可以接受的。也不能说一个人热爱自己的工作,总是热情投入自己的工作,所以,让他多承担一些额外的工作任务又不给相对应的薪酬是有恃无恐的事情。一旦组织试图通过这种热爱或责任等精神借口来占员工的便宜,使员工接受更少的物质薪酬,承担更复杂或更难的任务,这都可以说是一种隐形剥削。比如,那些对救死扶伤的工作有着使命感的医护人员们,在2020年初抗击新冠疫情的时候,冒着被感染的风险冲在最前线,他们的精神高尚,在履行着自己救死扶伤的责任,也实现着自己作为医护人员的意义,但相关部门一定不能觉得这些医护人员的奉献精神是理所应当的,不能忽略对他们的物质奖励,要设置并承诺对医护人员进行额外奖励,更应该如实兑现这些承诺,否则会令这些做着贡献的医护人员感到寒心,对他们的职业使命感也会是一种打击,因为他们会感到自己的付出没有得到应有的回报。因此,职业使命感不能成为组织进行隐形剥削的借口,组织和员工个人都应该意识到这一点,不能用对立的眼光看待职业使命感与外在动机的关系,两者的同时满足才能有助于双向促进,做到彼此成就,让个人内在的精神追求和外在的物质追求得到平衡。

第五讲 使命之变

人的很多心理特征通常会因时间的发展而有所变化,即使是传统上认为具有高度稳定性的人格,也会在一定程度上随着时间而出现变化。因此,对职业使命感不能仅以静态的眼光来看待,还需要有动态的视角。以这个视角来看,我希望一个人对某份职业的使命感不应该只是一时的热情,它更需要是一种长久维持的体验。这就像爱情,人们期望爱情可以长长久久,而不希望它逐渐消逝。然而,也如很多爱情不可避免地要消逝一样,职业使命感也不是一直存在的,既使一个人已经实现了自己的职业使命追求,它仍然有可能会出现变化,甚至因为受到很多现实因素的影响

使命:职业心理学的解读

对自己的使命感产生动摇,直至无法维持下去。这一讲涉及的核心问题就是:职业使命感会变化吗?这个问题的答案是肯定的,职业使命感确实会产生变化。

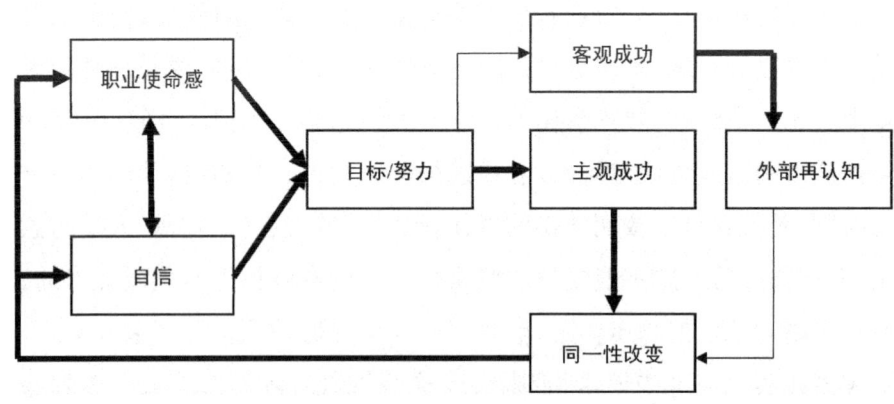

图 1-5 使命与职业成功模型

资料来源:"Psychological success:When the career is a calling"。

这一议题在某些职业使命感的理论中已经可见一斑,比如,研究者提出过一个使命与职业成功模型(a calling model of career success;Hall,Chandler,2005)(如图 1-5 所示),在该模型中,助推职业使命感产生变化的一个关键因素就是自我同一性的改变,自我同一性(self-identity)是心理学中的一个常见且重要的概念。它是指个人对自己的需要、目标、能力和价值观等的整合认知,个人因而形成一个确定而统一的自我。自我同一性的改变意味着个人对自己的某些特征进行了重新思考,并形成了一个改进后的自我认知。现实中,有很多因素都可能助推个人重新思考自己的特征,这种对自我的深入理解可能导致职业使命感也相应地发生变化,比如职业发展上的成功或失败就是一个促进自我改变的潜在因素。不管是成功还是失败,它都是一个契机,促使个人重新审视自己。失败了的人可能会对自己的能力、选择或价值观等产生怀疑,从而推动对自我认知的改变,

第一章 何为职业上的使命感

迫使自我同一性发生变化。比如认为自己的能力不足、自己的选择不对、或自己的际遇不好。这些自我认知的变化可能导致他们对自身职业使命感的重新审视,因为对能力的消极认知、对自己选择的怀疑或对际遇的负面态度,而降低对某一份职业的使命感。因此,只要个人的自我同一性得到改变,那么他们的职业使命感也可能会发生变化。

关于职业使命感变化的典型研究证据来自一项时间跨度长达7年的追踪研究(Dobrow,2013),该研究首次揭示了职业使命感跨时间的动态变化性。这项研究以音乐生为研究对象,在7年中,研究者分别在4个时间点调查了这些音乐生对音乐事业的职业使命感。首次调查的时间为2001年,当时研究对象还只是高中生,正在参加夏季音乐学习项目,6周后进行了第二次施测调查,3年半后进行了第三次调查,在完成第三次调查的3年半后,即2008年又进行了第四次调查。研究对象的身份跨度从高中生开始,到第四次调查时已经大学毕业工作或正在攻读硕士学位。该研究发现,从总体趋势上看,这些人的职业使命感水平处于略微下降的趋势,在均分上体现为从高中时的5.86(满分为7分),下降到大学毕业后的5.32。这在一定程度上说明,维持强烈的职业使命感并不容易。随着个人经历的不断发展,其职业使命感也会出现些许动摇。当然,这里所说的动摇并不是剧变,而是有些人可能对自己的职业使命感开始有些动摇,出现轻微的下降。这种动摇并不令人感到惊讶,因为在从青少年期向成年早期的发展过程中,很多心理品质都处在发展变化之中,青少年时的职业理想和热爱可能在经受到现实世界的种种挑战之后,对自己和自己的热爱出现怀疑,自我同一性产生变化,因此使命感也变得不再强烈。这项长期追踪研究具有重要的学术价值,该研究首次用动态视角描述了职业使命感的变化趋势,其研究所呈现的长期追踪证据已

使命：职业心理学的解读

经体现出职业使命感的下降趋势。此外，其他短期追踪的研究结论同样支持这种下降的趋势，我们在中国大学生群体做过一项为期1年的短期追踪研究（Zhang et al.,2018），测量了研究群体在三个时间点的职业使命感水平，该研究同样发现职业使命感在这一年中表现出轻微下降的趋势，斜率为 -0.08，下降幅度与西方研究中发现的幅度类似（Dobrow,2013），整体上的趋势都是轻微。综合两个研究的结论可见，不管是在长期的发展中，还是在大学期间的短期发展中，职业使命感都在发生着变化，并在整体上表现出一定的结论，来自美国和中国人群的研究证据都支持了这种下降趋势。而这些研究关注的只是整体人群的一个统一的变化趋势，但人群中每个人职业使命感的变化轨迹可能并不统一，有些人可能表现为上升，有些人则表现为下降，有些人又表现为稳定，也就是说，人们的职业使命感变化可能存在着不同的模式。

那么，人在职业使命感上表现出下降、稳定或上升趋势的比例是多少呢？这涉及到更为细致的分类问题，我们自己开展的一项研究获得了一些答案（Zhang et al.,2021b）。我们在中国的大学毕业生人群中做过一项短期追踪研究，时间跨度为9个月，追踪期横跨了大学毕业前后。由于这个从学校向工作过渡的时期是个人职业生涯发展的重要转折期，个人从学生的身份转变为工作者的身份，所处的环境也从大学转变为企业。在这个重要的转折时期，大学生们的自我同一性可能会发生变化，随之而来的是，他们的职业心理会发生很多变化，职业使命感也是其中一个可能产生变化的体验。我们的这项研究确实证明了职业使命感在此时期的变化，研究发现，大学毕业生的职业使命感体现出三种变化趋势。（如图1-6所示）

第一章 何为职业上的使命感

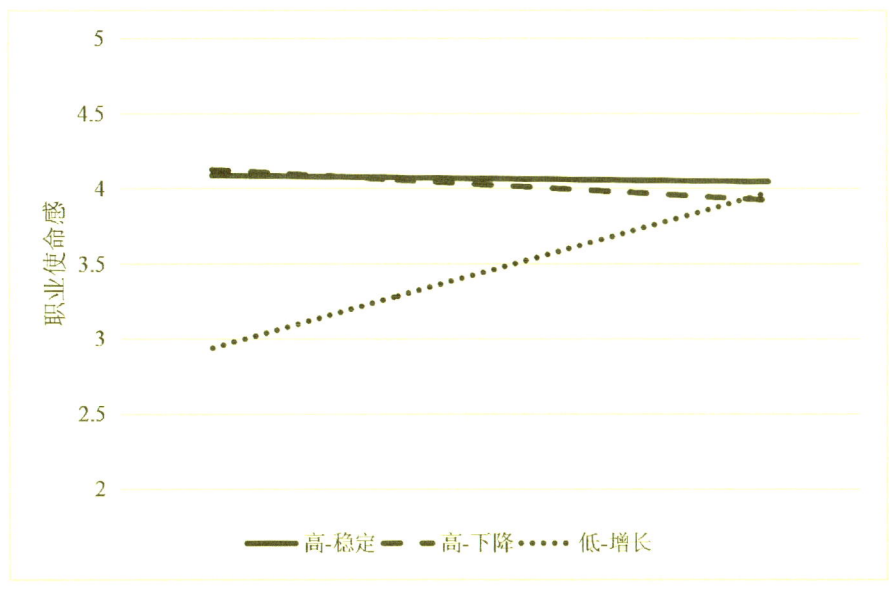

图1-6 职业使命感变化轨迹

资料来源："Trajectories of calling in the transition from university to work: A Growth Mixture Analysis"。

第一种趋势为下降,体现为个人强烈的职业使命感在毕业后有所下降,大多数研究对象的变化都是这种趋势,人群占比达到74%。这说明,大多数人的职业使命感不容易维持住,这与之前的两项研究得到的职业使命感整体变化趋势一致(i.e.,Dobrow,2013;Zhang et al.,2018)。虽然有74%的人表现出了下降趋势,但其中大多数表现为轻微的下降趋势,少部分人的下降趋势相对来说较为剧烈,斜率为-0.41,说明毕业前怀有高职业使命感的人在毕业后出现了幅度较大的下降,该部分人群占比大约为6%。可见,虽然很多人对某份职业的使命感会发生动摇,但在短时间内,从对其有使命感转变为没有使命感的人非常少,这些转变较大的人可能在毕业后对自我同一性有了全新的认知,某些因素对他们的自我同一性造成了冲击。很多人只有真正地进入到工作领域后,才发现跟自己想象的不一样,如果他们不能成功应对挑战和冲击,势必会导致使命感的

使命：职业心理学的解读

下降。

第二种趋势为高水平的职业使命感稳定不变，表现为个人在毕业后依然保持强烈的职业使命感，该趋势的人群占比为23%。这说明，同样存在一定量的人群，他们的职业使命感能维持在高水平上，这可能是由于这些人的自我同一性没有发生改变，或者他们的职业发展比较顺利，没有对自我同一性造成挑战，或者既使遇到挑战或困难，他们的自我同一性仍然明确，依旧会继续坚持下去，并且非常坚定自己的选择和热爱。然而，能够维持住自己对某职业的使命感并不容易，人总是处在现实的各种挑战下，对事物的认知和情感随之应势而变。因此，稳定趋势下的人可能具备良好的发展基础，才使他们在进入到工作领域后保持住自己的使命感，比如，他们可能在青少年期的自我同一性完成得较好、有足够的能力储备、或遇到较好的机会等。总体上，该趋势下的人的职业发展行为可能较好，才能让他们得以有良好的处境，保持住了自己的使命感。

第三种趋势为职业使命感从低水平上升为高水平，表现为个人毕业前职业使命感较低的人在毕业后反而有了强烈的职业使命感。表现出这种趋势的人在整体人群中的占比仅为3%。这说明，很少有人会从一个没有职业使命感的状态跃升为忽然具有职业使命感，这少部分人的跃升可能得益于人生阅历的增加或人生际遇的改变，使他们对自己的职业取向和认知得以重新被思考和改变。然而，总体上看，职业使命感可能是在个人早期发展中不断积累的一种体验。该类型的人能在关键的生涯转折期后找到自己的使命追求，显得十分难能可贵。

综上所述，多项研究证据显示，职业使命感会发生变化，能够保持稳定且高水平职业使命感的人相对较少。职业使命感产生变化的核心原因在于个人的自我同一性有所改变，根据使命与职业成功模型（Hall, Chandler, 2005），促使自我同一性改变的一大因素是职业成功，即在职业生涯上成功与否会影响个人对自我的各方面认知。对于一个对某份职业怀有使命感的人来说，他能否从事这份职业，或者他能否在这份职业上具有积

第一章 何为职业上的使命感

极的体验,是影响其职业使命感变化的重要因素。这是因为对某份职业怀着使命感会促进个人对职业目标的设定和追求,他们会朝着相应的目标而努力,目标的达成与否,都会对个人的自我同一性产生一定影响,这种自我同一性的改变进而激发职业使命感的改变。有实证研究发现,实现职业使命追求能正向预测职业使命感的变化(Vianello et al.,2020),也就是说,那些成功实现自己使命追求的人,更有可能维持自己的高水平职业使命感。这一研究结论显示出个人职业发展的顺利或成功有利于维持职业使命感。在现实中,个人的使命追求可能会遇到诸多的限制和挑战,导致一部分人被现实而限制,甚至是打败,没有取得自己认可的成功,从而导致他们改变自我认知,动摇自己的职业使命感。比如像前文提到的多年追踪研究中,研究被试者是音乐专业学生(Dobrow,2013),而音乐这项事业是一项艰难的事业,一部分对音乐怀有职业使命感的人在自己不顺利的职业发展中,就可能动摇自己的使命感。因此,研究中发现这些音乐生的职业使命感处在下降中,甚至有一部分人会放弃自己的使命追求,降低这份职业使命感在自己心中的分量。相对比来看,那些职业使命感得以高度维持的人,可以说是少部分的幸运者,他们的职业热爱在现实中得以很好地实现或维护,从而依旧保持了自己对某份职业的使命感。当梦想遇到现实,不同的人面对不同的际遇,这给他们自身职业使命感的变化创造了契机。我们不能否定职业使命感的变化,这种变化是一件普遍会发生的事情,这个过程通常缓慢而轻微。

第二章　职业使命感的力量

当今社会鼓励个人怀着使命感去从事一项职业或工作,因为它不仅体现了个人在职业表达上的深层追求,而且使个人可以对社会和国家有所贡献。已故著名华裔商业领袖谢家华(Tony Hsieh),创办了美国最大的卖鞋电商网站美捷步(Zappos),他曾在自己出版的《奉上幸福》(Delivering Happiness)一书中写道:"我们在Zappos的目标是让我们的员工感到他们的工作不是一份简单的工作或事业,而是一份使命。"他非常清楚使命对成功和幸福的力量,他也形容自己创建Zappos就是把它当成一种使命。但是,一个有趣的现象是,人们通常会羞于承认自己有使命感。人们自嘲自己的"打工人"或"韭菜"身份,美国一个学者曾问过一些在财经服务公司工作的员工,他们对自己工作的取向是"工作""生涯"还是"使命"?结果大部分人的选择都集中在"工作"和"生涯"之间,他们甚至会发出疑问"你怎么会期望我们把这个工作当成是使命?不,它就只是个工作而已"。当这个学者几个月后再次来到这家公司,发现其中的一些员工已经离开了这个公司。这启示我们,如果以一种非使命的取向来看待自己的工作,那么人们很难长久地从事一份工作。这些都在提示我们,职业使命感对职业和工作有着十分重要的影响。因而,很多怀有职业使命感的人被媒体广为宣传,他们被作为全社会学习的榜样,比如云南华坪的张桂梅校长、敦煌的樊锦诗院长等。他们的事迹体现出了超然的使命感,这种使命感的力量十分积极,对个人、组织、社会、国家甚至整个世界来讲都在发挥着有益的作用。正是因为职业使命感带有的积极力量,所以它成为备受认可的职业心理特

第二章 职业使命感的力量

征。当然,我们必须辩证地看待职业使命感所迸发出来的力量。通常来讲,职业使命感的力量是积极正向的,但在某些情况下,它也会带来潜在的负面后果。只有认识到它的双刃剑作用,才能更好地平衡职业使命感的力量,规避其消极的东西,保留积极的东西,从而最大化地从职业使命感中收得益处。

第一讲　收获更佳的职业生涯

职业生涯不同于我们通常所说的工作,广义的工作是一个重要而通俗的概念,它在英文中为"work",工作是人们生活的重要内容,人们通过提供服务或生产商品换取报酬,这就是广义上的工作。狭义的工作在英文中为"job",它指的是具体的工作岗位,概念范围要比"work"小很多。而职业生涯在英文中为"career",它不等同于工作,也不仅仅是工作的简单集合。当我们说到生涯,意味着一种长久的、带有持续性的发展,它囊括了一个人长时间的生命历程以及个人职业发展的全部历程,从童年期开始培养才能、兴趣、价值观等,到成年期通过职业获得发展,再到逐渐地向退休转变。因此,职业生涯不是一个静态的概念,不是说找到了一份工作就是职业生涯,人们需要用发展的眼光去看待它,既要回望过去,也要着眼现在,更要放眼未来。全球最大的招聘公司怪兽公司曾用过一个著名标语"find jobs, build a better career, find your calling"。这个标语体现出了一种层次,低阶的层次就是人们常说的找工作,只是找到一份可以养家糊口的工作,它核心解决的是吃饭和生存的问题。工作当然很重要,国家和社会希望人们都能够找到稳定的工作,这是一项基本的民生问题。进阶的层次是建立一个更好的职业生涯,这里的关键词是"建立",因为生涯需要长久的发展,它是个人在生命历程中不断培养和建立起来的,虽然很多人在从事一份工作,但他们不一定拥有职业生涯,因为他们可能没有职业生涯发展的意识和规划。最高的层次是发现自己的使命,它比仅仅

使命：职业心理学的解读

找到一份工作要难得多，这是我在本书后面会再详细讨论的问题。总之，工作和职业生涯是不同的概念，但两者也不能完全割裂开，职业生涯的发展无法离开工作这个载体，如果没有工作，职业生涯也无从谈起。因为职业生涯是毕生发展性的过程，在某种意义上来说，它比工作更重要，因此，它也是职业心理学重要的研究主题。

虽然职业生涯具有毕生发展性，但是最受重视的阶段是个人职业生涯的早期培养和发展，这里特指在成年期之前的部分，因为在这个时期，个人在为成年期职业生涯的稳定发展做准备。研究发现，将某份职业或工作视为使命来追求，对个人的早期职业生涯具有积极的作用。这里所涉及的职业生涯特征包括生涯的决策、生涯发展行为、生涯坚持等。对于个人毕生追求的生涯成功，职业使命感同样有积极的促进作用。这启示我们，职业使命感对个人的长期职业生涯发展具有积极的作用。

一、职业生涯的明确

生涯决策或选择是早期职业生涯中的一个重要议题，简单地说，它就是指个人选择或决定自己职业生涯之路的一系列过程。个人在开始一份正式职业前要做好决策，要明确自己想从事的职业是什么，以及适合自己的职业是什么。这个问题看起来简单，但实际上并不容易，哪怕一个人已经把职业选项缩减到了二选一，也无法确定哪一个才是适合自己的职业。显然，择业不同于简单的就业。试想，这世界上有多少人从事着一份不是自己主动选择的职业？有多少人在选择大学专业的时候就很迷茫，到大学毕业时继续择业迷茫，毕业后从事着一份自己并不喜欢的职业？据估计，在美国的人群中，有大约三分之一的人无法明确自己的职业选择(Levin et al.,2022)。如果细分出不同的决策困难类型的话，这个数字可能会更大，有些人是还没有准备好作出选择，有些人是有着不切实际的决策想法，有些人则缺乏足够的决策信息(Levin et al.,2022)。而在中国，无法作出明确职业选择的人数比例同样不

第二章 职业使命感的力量

低,根据2017年中国青年报社会调查中心调查显示,43.4%的受访大学生对自己的学业甚至人生发展感到迷茫,原因是他们对未来职业选择、对能力和兴趣、对未来所处环境等的不明确。

一个人的早期决策对后期职业发展至关重要,如果决策不清晰,后期会陷入更多的迷茫中,固然待到毕业时,不得不作出选择,但这种选择更可能是无奈之选,他们通常不会感到满意。因此,做好明确清晰的职业决策或选择是人们获得良好职业生涯的重要一步,这种选择不仅涉及大学生人群,还涉及更早的中学生人群,这是因为他们在选择大学专业时就已经是在为未来的职业生涯选择奠定基础。然而,中国多年来的教育取向都更偏向于应试教育,应试教育的一大问题是过于关注考试成绩,忽视学生兴趣的培养,甚至在高考填报志愿之前,学生们都很少会进行职业生涯相关的思考与探索,志愿报考也较为仓促,到了大学阶段则开始迷茫且无法确定自己的职业选择,这对于一个人的毕生发展十分不利。个人,特别是青年人,不能忽略对职业生涯的思考,这好比在大海中航行的船舶,成绩提供的是航行的能力,而生涯思考提供的则是航行的方向,两者缺一不可。因此,近年来,中国的初中和高中陆续开始设置生涯教育课程,配备心理学教师开展辅导,这是一个有益的举措,会在一定程度上帮助学生探索和认识自我,并提供有用的职业信息,进而帮助他们明确职业选择。

职业使命感有助于职业决策或选择的确定,当人们对某种职业怀有一种使命感时,他们会更加确定自己的职业选择,对于自己要从事的职业也会更清楚。使命与职业成功模型就提出职业使命感促进个人对职业目标的明确设定,并朝着设定的目标而努力(Hall, Chandler, 2005)。在德国和中国大学生群体中的研究,都发现那些对某职业怀有职业使命感的大学生,具有更清晰而明确的职业决策(Hirschi, Herrmann, 2013; Zhang et al., 2015b),他们对自己的求职意向也更加清晰(叶宝娟 等, 2017)。这些研究表明,如果一个人对某份职业已经有了使命感,那么他对选择或从

使命：职业心理学的解读

事这份职业已经有了非常明确的意向，而且这种意向是更深层的意向，甚至会让个人觉得如果不从事这份职业，人生都不再那么有意义。因此，职业使命感促进的是一种有意义且承载着人生目标的选择，它使个人的职业选择更加明确而坚定。就像序言中提及的钟芳蓉的例子，她对考古有使命感，所以对选择学习考古专业非常明确且坚定，哪怕以极高的高考成绩却选择冷门专业而引起媒体热议时，她也未动摇自己的选择，毅然选择北京大学的考古专业。入学后的钟芳蓉，依然保持着对考古的热爱，她对自己的未来职业生涯已经有了决定，她对田野考古产生了浓厚的兴趣，想继续攻读硕士和博士，未来想从事田野考古方面的工作或当一名老师。从钟芳蓉的例子，可以明显地看出职业使命感促进了个人职业生涯的明确。钟芳蓉作为一名中学生，能较早明确自己的职业生涯选择，体现出她的职业使命感确立得比较早。兴趣是驱使这种早期发展的重要因素，浓厚的兴趣更可能演变成热爱式的使命感，进而形成一种对某职业的明确选择。在先前研究者对动物园饲养员开展的研究中（Bunderson，Thompson，2009），从访谈对象的表述就能明显看出这种明确的选择性，比如，有访谈对象说道："我对动物有一种使命感，因为我一直以来都对动物感兴趣，所以，当回看自己的过往人生时，我已经在某个时间就确定了一点，那就是我要从事与动物有关的职业。"可见，人们早期培养起来的兴趣促进了职业使命感的获得和职业生涯的确定。

二、职业生涯的坚持

职业使命感在促进生涯确定性的基础上，会进一步促进职业生涯的坚持性。这种坚持性代表了一种职业选择的持续稳定和长久维持，即个人会长期坚定自己的选择。人们能作出一时的职业生涯选择已经很不容易，长期坚持自己的选择则会更加困难，也更难能可贵。很多人也曾作出过选择，但后来因为种种原因，没有把自己的选择坚持下去。

第二章 职业使命感的力量

正如很多人害怕选择一样,也有很多人害怕坚持,因为他们担心自己的坚持是错的。人们说"人生没有回头路",一旦方向错了,必然会错过很多对的东西。现实并不总是一帆风顺,人们在职业发展过程中会遇到很多困难和挑战。因此,很多人无法坚持自己的生涯选择。怀有职业使命感的人会在遇到困难时,依然坚持自己的选择,哪怕这些坚持或许不会有可预期的好结果。这方面典型的研究证据来自于一项对音乐生开展的长达11年的追踪研究(Dobrow, Heller, 2015)。该研究发现,这些音乐生的早期职业使命感能显著预测他们会去攻读音乐专业的大学,而且,他们认为自己在音乐上的能力很强。即使他们外显表现出来的音乐水平并不够强,比如他们并没有在音乐比赛中获得过奖项,但他们依然会自信于自己的音乐才能,哪怕在面对充满挑战和艰难的环境下,依然坚持自己的选择。可见,怀有职业使命感的人在很大程度上不受外在因素的干扰,更相信自己内在的主观认知,更相信自己,从而非常明确并坚持自己的职业选择。这种坚持在如今外部环境有诸多限制的条件下,显得异常重要,因为一个人很难保证自己的职业发展之路会一帆风顺,就特别需要职业使命感所激发的坚持性,做到不抛弃自己的理想,不放弃自己的追求。

为什么怀有职业使命感的人可以坚持自己的职业追求?有一项研究探究了不同驱动力量下的职业使命感坚持下去的重要机制(Cinque et al.,2021),该研究以在意大利剧院工作的演员和导演等为研究对象,剧院环境下的挑战主要包括物质层面的低收入以及精神层面的低社会认可度等,不同力量驱动下的职业使命感会形成对工作的不同解读。这些不同的解读使人们具有不同的认知和心境,从而以这些认知和心境而坚持自己的职业追求。该研究发现了三种力量驱动下的职业使命感:宗教驱动(religious)、政治驱动(political)和治疗驱动(therapeutic)。首先,宗教驱动下的职业使命感被个人感知到的超然力量所推动,宗教的超然力量

使命：职业心理学的解读

具有强大的作用，宗教驱动下的人为了维持自己的职业使命感，倾向于自我牺牲，他们宁愿放弃物质财富和社会认可，也要继续自己的职业追求，正是这种自我牺牲式的舍弃，使他们坚持自己的使命追求。其次，政治驱动下的职业使命感源于个人对主流社会环境的批判，他们重视自己对社会的责任，受这种责任感的影响，他们觉得物质财富和社会认可是次要的东西，而首要的人生任务是启发公众和改进社会，所以，即便面对剧院工作的挑战，他们也倾向于坚持自己的职业追求，不放弃自己的追求。第三，治疗驱动下的人则是因为自我的问题而产生职业使命感，他们对剧院工作的使命感在于治疗自己的心灵，有的人是为了提高自己的自信而在剧院工作，有的人则是因为要冷静自己而从事剧院工作。他们把表演工作视为自我治疗的手段，让自己可以远离困扰，治愈脆弱及没有安全感的自己。为了"治疗"自己，他们可以在困难的环境下坚持住自己的职业追求。可见，怀有职业使命感的人身上有着不同的强大力量的推动，这些力量使他们可以把困难和阻碍放在次要的位置，坚持住自己的职业追求。

我们所熟知的著名导演李安身上，就凸现了这种使命驱动的坚持性。李安导演对电影艺术怀着一种使命感，他曾形容自己对电影"就有一种使命感，那种天命的感觉。"李安导演出生于中国台湾，父亲是一所中学的校长，家族传统上非常看重教育，而且受中国传统士大夫观念的影响，李安的父亲一直希望他能够学业有成，成为一名像教师或学者那样有学识且稳定的职业。这种期望导致李安的学业压力巨大。不幸的是，李安连续两次大学联考落榜，不得不通过专科考试进入台湾国立艺专影剧科。李安在舞台剧中找到乐趣，并在这个时期开始尝试编导工作，也开始了解电影相关的知识和技巧。在从艺专毕业后，父亲希望李安能够出国深造，朝戏剧系教授的职业方向发展。因此，李安赴美国伊利诺伊大学和纽约大学深造，确定自己的电影理想。但他毕业后早期的职业生涯之路，走得非常不顺利，他经历了长达6年的蛰伏期，无戏可拍的李安只能在家带孩

第二章 职业使命感的力量

子做饭,全靠妻子的收入维持生活。曾有不少人劝他改行,甚至岳母说资助他开餐馆,但哪怕生活潦倒,职业生涯发展不顺,承受着中国传统性别规范带来的心理重压,他还是坚持住了自己的选择。在这 6 年里他不断写剧本,等待机会,最后终于在剧本获奖的情况下,获得资助拍出自己的第一部电影,并因此一战成名,开启了自己辉煌的电影生涯。正是因为李安始终怀记自己心中的电影理想和使命,才换来了职业使命追求的实现。

职业使命感促进生涯选择的坚持也体现在个人的工作意志力上。工作意志力(work volition)指的是个人感知到尽管自己面对很多限制,但也能自主做出职业决策的主观能力(Duffy et al. ,2012a)。人们在职业选择和发展过程中,会遇到很多限制或阻碍,典型的两类限制就是经济性的限制和结构性的限制,前者指由于自己的经济条件有限,或者自己需要金钱来养家,而不得不接受一份自己不喜欢的工作,即人们常说的不得不为了金钱而低头,不得不为五斗米而折腰;后者则指诸如外部的力量或整体的环境不能满足自己对喜爱职业的追求,不得不接受一份别的工作,比如说周围的重要他人不建议自己选择喜爱的职业。如果个人能不受这些限制的影响,而自主选择工作或职业,就体现出了高度的工作意志力。有人说:"我有自己非常感兴趣的工作,但这个工作不赚钱,我要生活下去,没办法做这个工作。"比如,像社会工作者,社工是一个很有社会价值的职业,但又是薪资水平不高的职业,大多数社会工作专业毕业的学生都不会去从事社工职业,哪怕他们对社工职业很感兴趣,但是因为薪资待遇太低,且提升空间也不大,无法承担起生活,这一职业就体现出了结构性限制和经济性限制的影响,所喜欢职业的行业现状为薪酬低,这是结构性的限制,而自己需要足够的金钱来生活,这则是经济性的限制。面对这些限制,个人需要意志力来坚定自己的选择。研究发现,怀有职业使命感的人具有更高的工作意志力,他们感知到自己可以排除阻碍而做出自己的工作选择(Duffy,Autin,2013b),比如那些真正对社工职业有使命感的人,更

使命：职业心理学的解读

可能不受经济性和结构性的限制而坚持从事社工职业。有人分享过一个社工前辈的话，这位社会工作者说："我也曾想过离开这个行业，但当我这样想，我会感到很难过，我热爱做社工，这不是一份简单的工作，它让我有成就感，让我感到快乐，让我每天早晨起床会为我今天要做的工作而开心，让我每天晚上会带着做这份工作的幸福而睡去。"这是一个对社工职业有使命感的人对自己选择的坚定和坚持，她没有放弃社工职业，表现出了高度的工作意志力。类似的事例在先前研究者对动物园饲养员们的研究中也有所体现（Bunderson, Thompson, 2009），那些有使命感的动物饲养员们面对金钱的艰难困境，但却坚持自己对动物事业的选择，他们中的一些人不得不同时兼职两份、甚至三份工作，以支撑自己的生活。因此，怀有职业使命感的人更有勇气面对职业发展道路上的困难，也对处理困难和阻碍更有信心，不会轻易放弃自己的职业追求，坚定于自己的初心和使命。

三、职业生涯发展行为

如果一个人只是口头说说自己怀着热爱或责任去从事一份职业，那么这并不能完全构成职业使命感的意义，因为职业使命感不是空洞的静态感知。现实中，有的人会说自己对这个职业感兴趣，对那个职业也感兴趣，却并不见他有实际行动，任何实质的结果都没得到，这就是空洞。这种空洞的感知毫无益处，它只是个人一厢情愿且不切实际的空想。如果对使命的感知无法激发出切实的行动，那所谓的使命感也不过就是镜中花、水中月罢了。因此，在静态感知上，职业使命感的意义更在于激发个人在职业发展上的"动"，即职业使命感在生涯上的力量还包括它推动人们去进行更好的职业发展行为，如充分的职业探索、明确的职业规划。与职业生涯决策一样，职业生涯发展行为同样是职业生涯领域的重要内容，这些行为在个人职业生涯发展上有着重要的位置。这是因为职业生涯本身具有动态发展性，人的职业随着时间和

第二章　职业使命感的力量

空间的发展而不断衍生出不同阶段性的意义。美国著名职业生涯心理学家唐纳德·舒伯以毕生发展的视角看职业生涯，人的一生在不同的阶段会面对着不同的生涯发展任务。（如图2-1所示），早期重成长、前期重探索、再后重建立、中期重维持。成长阶段，主要针对13岁之前的儿童，该阶段的主要任务是形成初步的、现实的职业自我概念。这个过程可能受到一些重要他人的影响，社会希望家庭和学校为儿童创造条件来激发他们的好奇、幻想、兴趣以及能力，去建构自己在未来的工作或生活领域中的可能自我。儿童在这个阶段要学会想象、自我负责和问题解决的能力；14至24岁的青年人所处的是探索阶段，青年人在这个阶段要明确并具体化自己的生涯选择，并将可能的选择付诸实际，从而在具体的职业上实现自己的职业自我概念；而到了建立阶段，25至44岁的人又需要稳定、巩固和深化自我的职业选择，获得在工作中的安全感；而45至65岁的个人处于职业生涯发展的维持阶段，该阶段的主要任务是处理持续性的问题。如果愿意继续下去，就继续巩固自己的职业自我概念，直至退休。如果不愿意，则要退回到探索和建立阶段，重新处理在这些阶段的生涯发展任务；最后是衰退阶段，65岁以上的人在经历了漫长的工作生涯后，终于退休，他们的职业生活已不再是主体，而倾向于在家庭和休闲生活上投入更多的精力。

由于这种阶段变化性，人在职业生涯发展中需要持续面对不同的阶段性任务，很难一劳永逸。个人需要不断地尝试进行探索和规划，投入各个生涯发展阶段必要的职业行为、措施或策略，以使自己获得良好的职业生涯发展。这种动态视角下的理论观点早已被当代的生涯发展研究和实践所认可，因此，人们在职业生涯发展上必须要有良好的准备状态，要"动起来"，要主动地动起来，这才符合这个时代的生涯背景。这个时代的生涯背景是易变性生涯，或称无边界职业生涯（Hall，1996，2004），个人的工作不再像以前一样仅限在一个组织中，甚至是处于无组织中，职业或

使命：职业心理学的解读

职业边界的变动性越来越普遍。在这样的生涯背景下，人成为职业发展的主动方，主观的职业成功成为更重要的成功标准，这时，特别看重人在发展职业生涯上的自我导向性（Briscoe, Hall, 2006），自己要负责和掌控自己的生涯发展，这就需要个人要投入必要的行为来发展自己的生涯，从而使自己获得良好的发展。

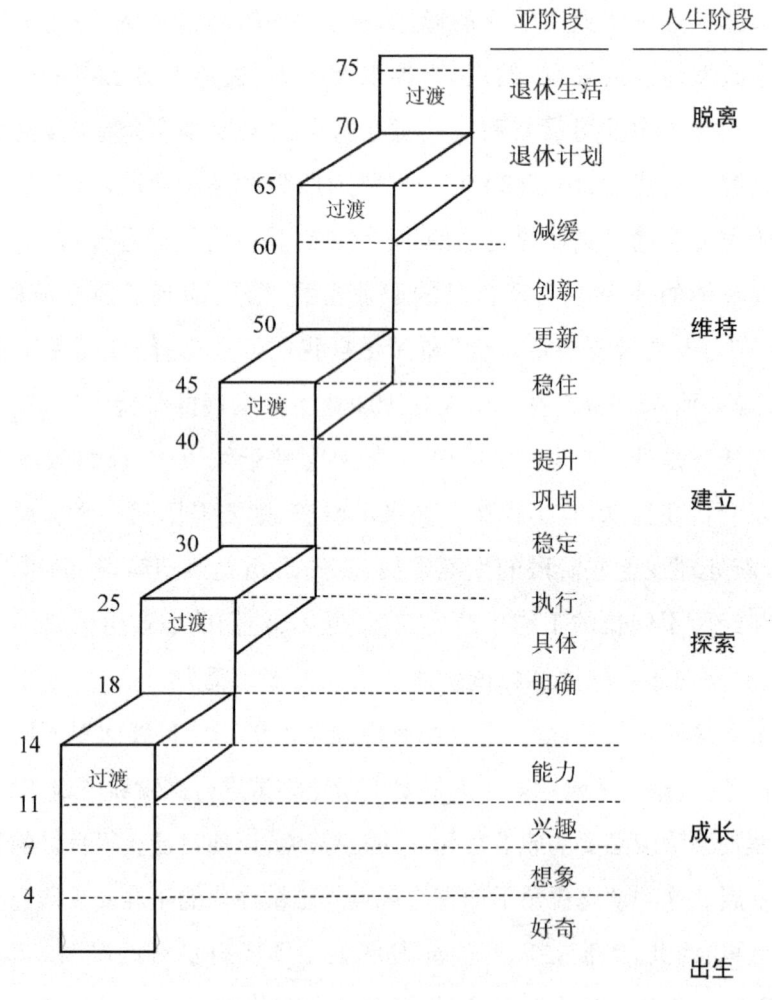

图 2-1 生涯发展的阶段性特征

资料来源："A life-span, life-space approach to career development"。

第二章 职业使命感的力量

从目前的研究证据来看,职业使命感促进了个人出现很多良好的职业生涯发展行为。例如,怀有职业使命感的人会主动考虑和规划自己的职业生涯,他们有更明确的策略去达成自己的职业目标(Hirschi, Herrmann,2013),也会采取多方位的生涯发展策略来推进自己的生涯发展,比如主动展现自己、创造职业发展机会、建立关系网等(Creed et al.,2015;Praskova et al.,2014)。在荷兰人群中开展的一项研究发现(Lysova et al.,2018),怀有使命感的人会更主动地提升自己,比如学习新的东西、发展自己的能力。这些提升行为帮助他们提高了自身的可雇佣能力,可雇佣能力(employability)指的是在劳动力市场获得工作机会的能力,使人们在劳动力市场更具有竞争力。以上的研究体现出职业使命感能激发个人进行良好的职业规划和探索。根据主动性动机模型(proactive motivation model,Parker et al.,2010),个人要想设置主动性的目标,并激发出追求此目标的行为,则需要个人"有理由""有能力"和"有能量"这么做,缺乏这三个要素,则出现主动性的行为的可能性较小,职业使命感正是为个人提供了"有理由"做的动机。人们之所以要主动去发展能力或规划生涯策略,是他们感到某份职业让自己有意义、有责任或有热爱,他们为了达成这个职业目标必须主动采取行动。我遇到过一些心理学专业的学生,他们对心理咨询特别感兴趣,有着一定的使命感。这推动着他们主动地去寻找机会学习和培训自己的心理咨询技能,积累心理咨询相关的实践经验。我发现他们很了解这个职业的现状,清楚心理咨询职业的专业度和困难度,以及该职业前期经济投入较大,然后会主动提升行为,为达成自己的职业目标而努力。

使命：职业心理学的解读

表 2-1　生涯适应力的维度特征

适应力维度	态度和信念	能力	应对行为	生涯问题
关注	计划性	计划	意识 投入 准备	冷漠
控制	决断性	决策	坚定 自律 自持	不决
好奇	好奇性	探索	尝试 冒险 探究	空想
信心	效能性	问题解决	坚持 奋斗 勤奋	拘谨

资料来源："Career construction theory and practice"。

另外，职业使命感的促进作用还体现在生涯适应力（career adaptability）上，怀有职业使命感的人会更具生涯适应力，表现为他们对自己的职业生涯有更积极的关注，更充满好奇和探索，更能自主掌控自己的职业生涯，以及对发展好自己的职业生涯充满信心（Douglass, Duffy, 2015；Praskova et al., 2014）。在生涯建构理论（career construction theory）中（Savickas, 2005, 2013），生涯适应力是最核心和最重要的概念，生涯适应力被视为是促进个人成功应对职业生涯发展任务的重要心理资源，它囊括了生涯关注、生涯好奇、生涯控制和生涯信心这四个核心内容（见表 2-1），构成了一个四维度的心理资源结构，它有助于个人收获适应性良好的职业发展结果。已有的研究证据极大地支持了生涯适应力对职业生涯结果的积极作用。职业使命感对它的促进体现出职业使命感对积极的生涯关注、探索和自主发展等生涯行为的推动作用。

第二章 职业使命感的力量

综上所述,一个人把职业或工作视为一种使命追求,会激发出积极主动的生涯发展行为,这是一种"动"的状态,真正使个人把生涯感知落实到生涯发展行为上。因此,职业使命感并不是一碗空洞的心灵鸡汤,它所激发出来的生涯发展行为,对于个人获得更好的职业生涯发展结果具有十分重要的作用。

四、职业生涯的成功

人们在职业生涯上所追求的终极目标就是获得职业上的成功,成功是很多人毕生的重要追求之一,但是人们对职业成功的定义却各不相同。有一项研究从跨文化的角度对11个国家的200多人开展了一项访谈研究(Mayrhofer et al.,2016),包括中国、美国、日本、奥地利、南非等国家,意在提取出一个全球普遍认可的职业成功标准,该研究结果发现了四大方面的职业成功内容(见表2-2)。其中,首要的标准就是物质方面的满足,这是长久以来被广为认可的一个成功标准,特别是对于那些社会经济地位低的人来说,从职业上获得物质成功更加重要。在物质方面,首当其冲的要素就是经济安全,它是其他成功标准的基础,人们心中对经济安全的心理标准可能不一,有一项网络调查显示,中国人群中有一半的人认为月收入一万以上才能有经济安全感,另有20%的人认为月收入一万五才有经济安全感,剩下的人则认为更高的月收入才能带来经济安全感。与经济安全不同,经济成就则意味着积累到更多的金钱和财富,相对于经济安全,经济成就则是更高一层的经济目标。职业成功的第二个重要标准是学习,即在一份职业中获得学习和成长,这对个人来说是另外一种意义上的财富,这里所说的学习既包括在工作上通过非正式的耳濡目染而得到学习,也包括通过正式的培训或教育以获得专业技能的增加。职业成功的第三个标准为在社会关系层面有积极的结果,如工作-家庭平衡,它意味着个人能在工作和家庭生活之间达到平衡,以及个人能有时间去享受工作之外的乐趣;再如积极的工作关系,得到来自那些自己尊敬或重要

使命：职业心理学的解读

的他人对自己工作的欣赏和认可；再如，对他人或社会产生积极的影响，能通过职业帮助到他人或对社会有所贡献。职业成功的最后一个标准就是发展自己的项目，简单地说就是自己创业做老板，告别打工人的身份，创建自己的商业项目，即使不能完全创业，也可以在自己的工作领域开发和主导自己的项目，自己去掌控一些工作方面的事情。以上四个方面共同构成了一个全球性的职业成功标准，但人们会不同程度地侧重于某个方面，很难同时满足全部的成功标准。

表2-2 职业成功的首要内容

首要主题	职业成功的意义
1. 物质	经济安全
	经济成就
2. 学习	学习和发展
	工作-家庭平衡
3. 社会关系	积极的关系
	积极的影响
4. 发展自己的项目	做老板

资料来源："Career success across the globe: Insights from the 5C project"。

相比于以上对职业成功标准的解读，近年来更普遍的一个标准是从成功的性质上进行区分，这里最常涉及的两个性质就是客观与主观。通常来说，职业成功可以分为客观职业成功和主观职业成功。客观职业成功主要指那些看得见、摸得着的、可被客观的指标度量、可被他人观察到的有价值的职业结果，反映客观职业成功的指标，包括地位和等级（如职位等级）、物质成功（财富、资产、赚钱的能力）、社会声望及影响力、知识和技能、友谊和社交关系，以及健康等（Spurk et al., 2019）。这些均是定义一个人成功与否的指标，在上面提到的跨文化背景下的职业成功研究中（Mayrhofer et al., 2016），研究者得到的四个方面内容都基本符合客观职业成功的标准。当我们提到乔布斯和马云这样的人时，通常会觉得他

第二章 职业使命感的力量

们是毋庸置疑的成功人士,因为他们符合人们对客观职业成功的所有指标界定,他们在物质成功、社会声望和社会地位上都体现了顶尖的成功。然而,成功不仅仅依据以上的客观指标,比如像我前文提到的张桂梅老师,她在物质上极不富裕,过着十分朴素的生活,又疾病缠身,她的职业生涯难道不成功吗?显然,她同样取得了很大的成功,她成功的标准并不全在客观方面,也有她主观层面的依据。因此,在典型的客观指标之外,有一些主观性的指标同样可以界定人们的成功,主观职业成功主要指的是那些反映个人在职业上获得了良好的内在心理体验。反映主观职业成功的指标包括个人感知到的工作满意度、自我价值感、工作意义感和满足感等(Spurk et al.,2019)。比如,一个人在从事一份收入不高的职业,但他做得很快乐、很享受、很有成就感,这就是主观职业成功。客观职业成功的指标不一定反映出主观职业成功水平,比如一个人可能在客观上取得了极高的职业成功,但主观上却对自己的工作不满意,甚至感到倦怠和厌烦。网络上曾流传过一段马云的语录,被很多网友调侃为"凡尔赛",他说:"我最快乐的时候,是一个月拿91块钱,我当老师的时候。"其实,这句话不一定是"凡尔赛",因为物质成功不一定会带来主观上的满意,收入少的工作也会给人带来快乐和满足。美国著名脱口秀主持人奥普拉·温弗瑞在斯坦福大学的演讲中曾分享自己的职业人生经历,道出自己对成功的定义,她说:"让我告诉你,钱很美好,我站在这里不是告诉你,这与钱无关,钱很好,我喜欢钱,买东西的感觉很好。但拥有很多钱并不能使你自然而然地成为一个成功者。你想要的是钱和意义,你想要你的工作更有意义,因为有意义使你的生活更加充实。"一个人可能并没有从职业中获得很多的物质财富,但获得很大的价值感和意义感,那么,这也不失为是一种成功。比如说,前文提到的选择北大考古系的钟芳蓉,考古的职业之路在物质和地位上都可能无法满足客观职业成功的标准,但这一职业是她寻找到的心灵归处,她会在其中感到有意义且满足,这对她来讲就是一种主观上的成功。当然,客观职业成功和主观职业成功并不是对

使命：职业心理学的解读

立的，不能以"鱼与熊掌不可兼得"的观点来看待主观和客观的职业成功，一个人完全可以同时兼具二者。在很多情况下，主观和客观可以相互统一，一个人既在工作上取得物质或地位上的成就，也感到心理上的满意和满足，这是一种两全其美的状态。

目前关于职业使命感的研究证据主要验证并支持了职业使命感与主观职业成功之间的关系。研究发现，职业使命感促进了个人主观职业成功的体验，这里涉及的主观职业成功指标主要包括工作满意度、职业满意度、工作意义感等。其中，满意度更偏向于是主观快乐性的体验，它强调工作带来的舒适、愉悦和享受的体验，工作满意度主要关注个人对自己工作的积极体验，职业满意度则关注个人对自己职业生涯发展状况的积极感知，两者十分相近，但聚焦的核心点不一样。研究发现，怀有职业使命感的人一方面对自己的职业生涯发展状况感到更满意，另一方面也对工作本身的现状感到更满意，这一结论在以中国人群（胡湜，顾雪英，2014；Xie et al.，2016；Zhang et al.，2015c）、德国人群（Hagmaier, Abele，2012）和美国人群（Duffy et al.，2012b；Chen et al.，2018）为研究对象的研究中均被广泛证实。怀有职业使命感的人对工作有着深层的情感，特别是现代主义的使命感，出于热爱或内在兴趣而从事一份职业，从而促进个人怀有内在工作动机，使个人感受到工作令人享受，有内在的乐趣，能体验到更积极的情绪，对工作的满意度也因而提高（Conway et al.，2015）。这一论断符合自我决定论的观点，即内在动机促进个人的满意度和幸福感。比如，在2022年北京冬奥会上一举成名的谷爱凌，她说自己对滑雪有着热爱，因为热爱，她才能享受滑雪，她觉得每次滑雪都是一件非常高兴的事，能让自己乐在其中。这就是一种主观职业成功的体验，其实很多参加冬奥会的运动员都没有获得奖牌，但并不代表他们是不成功的，他们中的很多人很享受和热爱自己的冰雪运动，这种体验是另一种意义上的成功。

在这种快乐的体验之外，职业使命感还会带来更深层的工作意义感，让个人深刻体会到自己的工作是有意义和有价值的。这种体验不同于满

第二章 职业使命感的力量

意度的快乐,它可能不够愉悦和享受,它更看重是否在实现着自己的价值,是否感到工作有意义、有目标。比如前文提到的樊锦诗院长,在敦煌的艰苦环境中工作,被迫和自己的丈夫、孩子分隔两地,敦煌的环境和家庭环境都没有给她带来很多愉悦的体验,但她感到这份工作很有意义。敦煌的考古工作承载着传承中国历史文化的重任,她在这份工作中实现着自己的价值,这是一种自我实现的满意,这种体验比愉悦和享乐更加重要。当在生活中谈到意义,有人会觉得太大、太深奥、太虚无缥缈了,但又总能听到身边有人诉说"每天做着工作,但没有意义,做得很没意思,不明白做这些是为什么",充满了无奈,心理和行为上想要逃离工作,这些都是无意义感所导致的消极后果。因此,意义的思考和体验绝不虚无缥缈,它真切地存在,很多人在工作上所体验到的心理困境的根源就是无意义感。也有人说"何必想什么意义,火锅不香吗?奶茶不香吗?烤肉不香吗?"这种调侃与揶揄或许是一种逃避,从而转移人们因无意义感而带来的心理困扰,防止个人被无意义感所影响。其实,追求意义是人的本能,很多人都想要从工作中获得意义,全球知名的人力资源公司凯利服务在2009年对全球近10万人进行调查,该调查发现,51%的被调查者表示,如果他们的工作能对自己或组织更有意义,他们愿意在这个工作上接受更低的工资或职务。可见,他们为获得意义,宁愿牺牲掉一些外在的物质奖酬。2012年,凯利服务又对17万人进行了调查,报告显示,接近一半的人表示,他们的工作不能为其带来一种意义感。从这些调查数据可以看出,工作意义感是人们十分重视的体验,但仍然有相当一部分人不能从职业或工作中获得意义感。目前的理论和研究证据均显示,职业使命感是个人在工作上获得意义感的重要心理资源,对职业使命的追求有很大一部分是对意义的追求,使命给个人在工作上带来了很大的意义性体验。Bunderson 和 Thompson(2009)在他们里程碑式的研究中发现,怀有使命感的动物园饲养员们把这份工作融入自己的自我同一性中,使他们感到工作定义了他们是谁。因而,从事着这份工作会让他们感知到工作

使命：职业心理学的解读

对自己非常有意义，如果没了这份工作，自己会处于迷茫而无归属感的境地。同样，在德国工作人群中开展的调查研究也发现，怀有职业使命感的人体验到了更高的工作意义感（Hirschi，2012）。综上可见，大量的实证研究证据表明，将职业或工作视为一种使命追求的人体验到更高的主观职业成功，这种成功不仅包括看重愉悦和享受的满意度，还包括看重价值和实现的意义感。

在客观职业成功方面，目前还较少有研究探讨职业使命感与客观职业成功之间的关系，其原因主要在于客观职业成功的指标很难被公正地量化，这导致很难通过研究来验证职业使命感与客观职业成功指标之间的关系。新近的一项纵向研究关注了职业使命感与个人收入之间的关系（Tosti-Kharas，Dobrow，2021），个人收入是客观职业成功的一个典型指标。该研究发现，从单一的线性关系上看，职业使命感与个人收入存在负相关关系，也就是说，早期职业使命感越高的人，工作后的收入反而更低。但这一关系的推论显得有些武断，该研究进一步发现，职业使命感与收入之间的关系还取决于个人是否在继续着自己的使命追求，对于那些仍然在继续着自己使命追求的人，他们的职业使命感越高，收入也会越高，而对于那些不再继续自己使命追求的人，他们的职业使命感越高，收入则会越低。这一研究结果启示我们，很难用单一的视角来解释职业使命感与收入之间的关系，更需要看影响两者之间关系的因素是什么，人们如果在践行和实现着自己的使命追求，那么职业使命感对客观职业成功具有促进作用，反之，则会起到反向作用。该项研究只关注了收入的指标，未来的研究可以继续推进这方面的研究，来检验怀有职业使命感是否能促进客观职业成功的其他指标。从理论上来讲，职业使命感对主观和客观的职业成功都应该具有促进作用，相对而言，职业使命感与主观职业成功的关系会更为紧密。使命与职业成功模型就曾指出，职业使命感驱动个人建立明确的目标，并使其付诸巨大的努力去实现这一目标（Hall，Chandler，2005），因此，个人会达到自己所追求的主观和客观职业成功。由于

第二章　职业使命感的力量

职业使命感所反映的更多是个人内在的追求和目标,因此,它直接促进的是个人感知到的主观职业成功。至于目标和努力能否转化为客观职业成功,则还要看一些外在因素如何影响,毕竟个人要在职业或工作上获得物质报酬或地位的提升,还会受到很多个人因素或环境因素的影响。我们可以看到很多怀有职业使命感的人获得了较大的客观职业成功,比如,冬奥冠军谷爱凌把自己的成功归结为 1% 的天赋加 99% 的热爱和坚持。

第二讲　投入更好的工作行为

职业生涯关注的要点更多聚焦在个人的生涯发展上,比如决策、选择和持续自己的职业生涯,这是个人比较关心的内容,因此,它们的利益出发点是个人。但相对而言,组织则更多关注的是收益,也就是员工个人给组织创造的成果,组织要生存和发展就必须要获得收益,这是很简单的道理。因此,组织最关心的不是员工个人的职业生涯发展,而是员工是否有良好的工作行为和表现。从这个意义上来讲,如何发展好自己的职业生涯是个人侧重的东西,而如何使个人把工作做好是从组织角度想去掌控的东西。当然,两个角度不是对立的,好的职业生涯发展行为通常会促进好的工作行为,而好的工作行为也能助推职业生涯更好地发展。那么,职业使命感能不能激发出良好的工作行为和表现?答案是肯定的。总体而言,职业使命感会促进个人投入更好的工作行为。目前的研究已经证实了职业使命感与多个积极的工作行为后果之间的关系,这其中包括工作投入、组织公民行为、组织承诺、工作绩效和低工作倦怠等。

一、工作投入

工作投入(work engagement),或称工作敬业度,代表的是一个人对工作的情感和动机状态,它是一种积极而满足的心境状态,通常由三个维度界定:活力、奉献和专注。活力(vigor)表示的是个人在工作时有能量和

使命：职业心理学的解读

心理韧性，即使遇到困难，也会坚持；奉献（dedication）指个人极大地投入到自己的工作中，富有热情；专注（absorption）指个人高度专注于自己的工作，甚至感到工作时时间过得很快（Bakker et al.，2008）。工作投入是一个积极的工作状态，它不仅能提高个人的工作绩效，还有助于提高个人的幸福感，它使组织和员工双方均受益（胡少楠，王咏，2014）。组织通常看重员工的工作投入，没有组织希望看到自己的员工在岗位上"摸鱼"。员工投入工作意味着员工主动地在岗位上发挥自己的最大价值，这有助于使人力价值更好地转变为组织倡导的收益。与其由组织被动地去激励员工投入工作，职业使命感提供了激励员工投入的主动性力量，这有助于节省组织的管理成本。个人对工作的投入和敬业，也是我国所倡导的重要价值取向，"敬业"被写进社会主义核心价值观，代表着一种职业精神，即对工作要忠于职守、克己奉公、埋头苦干。广大网友们对敬业恐怕更不会陌生，当年支付宝搞了一个"集五福分亿元现金"的活动，要问哪一个福最难扫到，那必然是敬业福。或许这也暗示着敬业很难做到吧，当然这只是玩笑话。梁启超先生曾在1922年做过一个演讲，名字就叫《敬业与乐业》，他借鉴朱熹的话"主一无适便是敬"，通俗地说，敬业就是做一件事就忠于一件事，将全部的精力都放在这件事上，一点都不旁骛。这是中国思想对敬业最朴素的理解，有来自传统儒家思想的影响。

研究显示，怀有职业使命感的人会有更高的工作投入表现，一项关于德国工作人群的研究直接验证了职业使命感与工作投入之间的正相关关系，即怀有职业使命感的人更有能量活力、更饱含热情地投入工作、也会更专注于自己的工作（Hirschi，2012）。在中国人群中，研究者们也发现，职业使命感对工作投入具有促进作用（顾江洪 等，2018；黄丽 等，2019）。另一项在英国牧师人群做的日记研究发现，个人在日常工作中践行自己的职业使命感直接促进他们在工作上保持更高的能量和活力（Clinton et al.，2017）。怀有职业使命感的人对工作的敬业和投入甚至会超出组织的期望，他们有时会选择牺牲掉自己的其他时间来工作。Bunderson 和

第二章 职业使命感的力量

Thompson(2009)在其对动物园饲养员所开展的研究中发现,那些把与动物一起工作视为一种使命的动物园饲养员愿意牺牲掉自己的非工作时间来工作,这是因为他们有强烈的责任感驱使着他们这么做。这种投入工作的精神和行为在很多具有职业使命感的人身上都普遍存在,比如前文提到的吴明珠院士说道:"一天不去瓜地,我就觉得很难受。"这就是一种工作投入的表达,即便她已经退休,依旧投入在自己的工作上,驱动她如此投入的力量就是职业使命感。同样,张桂梅老师基本把自己所有的时间和精力都献给了教育事业,有着极大的奉献精神。这是一种极度的工作投入,驱动她的力量依然是职业使命感。虽然普通人即便怀着职业使命感,也不一定达到如吴明珠或张桂梅一样投入,但相对比那些没有职业使命感的人,他们表现出的工作投入更高。就像"寿司之神"小野二郎说的:"你必须要爱你的工作,你必须要和你的工作坠入爱河。即使到了我这个年纪,工作也没有达到完美的程度。我会继续攀爬,试图爬到顶峰,但没人知道顶峰在哪里。我依然不认为自己已臻完善。爱自己的工作,一生投身其中。"

梁启超先生在自己演讲的终篇部分,道出了一段很睿智的理解,他讲道:"我生平最受用的两句话:一是'责任心',二是'趣味'。我自己常常力求这两句话之实现与调和,又常常把这两句话向我的朋友强聒不舍。今天所讲,敬业即是责任心,乐业即是趣味。我深信人类合理的生活应该如此,我望诸君和我一同受用!"其实,梁启超先生所讲的乐业本质上也有使命的意思,因趣味而从业,这接近于现代主义的使命感。梁先生还意识到敬业和乐业可以同时实现,乐业可以促进敬业。他借用孔子自述生平的话"其为人也,发愤忘食,乐以忘忧,不知老之将至云尔",讲的是孔子用功得忘记了吃饭,陶醉在学问里,忘记了忧愁和烦恼,连自己快老了都不知道了。孔子乐在其中,也敬在其中,这是一种理想的工作状态。总之,怀有职业使命感的人,会在工作上表现得更投入和敬业,会更积极主动地投入到自己的工作中去,甚至有废寝忘食式的投入。

使命：职业心理学的解读

二、组织承诺

组织承诺(organizational commitment)通常是指员工个人对组织的心理依恋关系(Meyer,Allen,1991),组织承诺最典型的方面就是情感承诺,即员工对组织有情感依赖和投入,表现为我们所说的爱自己的单位,甚至把组织当成家一样的感觉。组织承诺的其他内容还包括持续承诺,指的是员工深刻地明白自己离开组织的利弊,由于自己已经在组织中付出了很多,离开的成本过大,所以想持续留在组织中。最后就是规范承诺,指的是员工个人感到一种继续留在组织中的义务感。这是长期形成的一种感觉,使他们感到自己留下来是一件对的事情(Allen,Meyer,1990)。因此,组织承诺构成一个情感、义务和利弊的三维度成分,组织承诺高的员工个人对组织极为忠诚,认同组织的愿景和目标,带有认同性的动机而工作,激发出更好的工作效率,且想长期留在组织中。显然,这种承诺是组织所看重的品质,特别是在现代的易变性职业生涯背景下,工作的变动越来越频繁,个人不再像以前一样在一个组织中"从一而终",员工的自主性越来越大,跳槽和离职是非常普遍的事情,但员工离职会增加组织的潜在成本,带来一定的负面影响,组织不得不投入更多的精力来培养员工的组织承诺,增强组织凝聚力。研究发现,高度的组织承诺会使员工减少缺勤和离职,也会促进员工为组织做出贡献,进而为组织带来更大的回报(胡卫鹏,时勘,2004),其中,尤其以情感承诺的积极作用最为突出(Meyer et al.,1989)。研究证据显示,职业使命感促进了员工对组织产生更强的认同感和承诺关系,特别是情感承诺(Cardador et al.,2011;Duffy et al.,2011;Rawat,Nadavulakere,2015)。因为一个人通常会投入到对自己重要的角色中去,并对这个角色产生强烈的认同感和承诺感,而且会扩展到与这个角色密切相关的领域或载体中去。因此,职业使命感所带来的对职业和工作的认同与承诺,也会扩展到与职业和工作直接关联的组织中去,进而产生对组织的情感投入和承诺,简单地说就是类似于"爱屋及

第二章 职业使命感的力量

乌"。通过这样的路径关系,职业使命感降低了员工离职的发生,研究发现,具有职业使命感的人会更认同自己的组织,把自己所处的组织视为自己自我概念的一个核心成分,会对组织有情感依恋。这种情感的承诺也促使个人不打算离开现在的组织和工作岗位,愿意继续留在现在的组织中工作(Duffy et al.,2011;Cardador et al.,2011;Chen et al.,2018)。综上可见,员工个人的职业使命感同样有助于建立与组织的心理承诺关系。

三、组织公民行为

组织公民行为(organizational citizenship behaviors)指那些并非组织要求的,个人自觉进行的有助于提升组织功效的行为。组织公民行为囊括多种层面,比如在群体层面上,乐于帮助同事,维持群体内成员的人际和谐关系等;在组织层面上,积极参与组织的活动,积极为组织建言献策等;在社会层面上,提升组织在社会上的形象和声誉等(Podsakoff et al.,2009)。整体上看,这些行为都是组织欣赏的积极员工行为,普遍具有利他性,而且不是组织明确要求的行为,而是员工个人的自愿性工作行为,因此,它也是一种角色外行为。研究普遍认为,组织公民行为有助于员工个人在工作满意度和组织绩效上的提升(Podsakoff et al.,2009),因此,它也是组织所普遍看重的一种行为。这些积极行为超出组织对员工的要求和预期,又能提升组织的功能和绩效,对组织来说,是一件"何乐而不为"的好事。研究证据显示,个人的职业使命感越高,他们表现出的组织公民行为也越高,这是基于中国企业员工人群的研究所得出的结果(Xie et al.,2017)。在对美国托育中心教师的研究,也发现这些教师的职业使命感促进了其表现出更高的组织公民行为(Rawat,Nadavulakere,2015)。另外,有研究也发现,在自己的工作上有职业使命感的人会感知到更少的同事间的人际冲突,这种人际和谐也反映了组织公民行为的一个侧面(Walsh et al.,2020)。以上研究所显示出的职业使命感对组织公民行为的促进作用,可能是因为职业使命感带有利他或亲社会的倾向,怀有职业

使命：职业心理学的解读

使命感的人会想通过职业和工作做些有助于他人或社会的事情,这种亲社会性更有可能转化为对他人或对组织的公民行为,如乐于助人、维护组织、参与对组织有益但并不属于要求范围的活动等。综上可见,怀有职业使命感的人会表现出对组织有益的公民行为。

四、低工作倦怠与压力

工作倦怠(job burnout)和工作压力(job stress)是个人在工作或职业生涯发展过程中常会面对的负面体验,会降低个人的一般幸福感,也会损坏个人的身心健康。现代社会的人们不得不面对工作倦怠和工作压力的挑战,因为越来越多人感到自己"总是在工作"。德勤在美国做过的一项调查显示,有高达77%的人在现在的工作上有倦怠感。如果是对那些不怎么热爱自己工作的人来说,这个比例会更高,达到84%,这说明,无使命感可能会加剧个人的工作倦怠。换句话说,使命感,特别是现代主义的使命,能够缓冲人们的工作倦怠。工作倦怠通常表现为三个核心特征(如图2-2所示),一为情感衰竭,即对工作失去热情,情绪上疲惫,没有活力;二为愤世嫉俗感,即对工作敷衍、冷漠、保持距离;三为低效能感,即个人倾向于消极评价自己,成就感降低(Maslach et al.,2001)。研究发现,职业使命感确实有助于降低员工的工作倦怠感。怀有职业使命感的人本身会出于热爱而从事这份工作,他们对工作怀有极大的热情,因此,更少可能会出现情感衰竭。一项对美国人群的研究发现,职业使命感越高的人,它们的情绪耗竭感也更低,越不会对工作失去热情和活力(Rawat,Nadavulakere,2015)。另外,怀有职业使命感的人会更敬业,更不会对工作有所敷衍,同时效能感更高,对自己处理职业和工作任务更有信心(Walsh et al.,2020),而且他们通常心理资本更高,对工作和自己都怀着希望,更为乐观(Zhang et al.,2015b;Choi et al.,2018),不会对自己做更低的评价。实证研究也支持这一点,一项针对韩国消防员的研究发现,职业使命感与工作倦怠存在负相关关系,即消防员们对消防工作越有职业

第二章 职业使命感的力量

使命感,其报告的工作倦怠水平越低(Jo et al.,2018)。在以美国人为研究对象的研究中也发现,职业使命感高的人体验到更低的工作倦怠水平(Hagmaier,Abele,2012)。在很多典型的怀着职业使命感的人中,能够发现他们普遍激情满满,比如,吴明珠院士干了一辈子瓜类育种工作,也没有厌烦疲倦,即便退休了也依旧在工作着,甚至感到自己一天不去瓜地就感到难受,如同母亲看不到自己的孩子那么难受;著名作家严歌苓对写作的使命感驱动她一直想写,充满激情,她在演讲《职业写作》中说过:"我是有一种使命感的,我觉得我想写,我这辈子好像不写会死。就激情到这种程度……"她也说道:"我这时候感觉就是使命使然,感觉到这些故事我非写不可,我不写,这辈子我就白活了,就这种感觉。"因此,她写作生涯四十余年依旧笔耕不辍,同样对这份工作没有倦怠。钟南山院士已经八十多岁的高龄,依然在继续研究如何治疗慢性阻塞性肺炎,努力研制抗肿瘤的药物,还在为战胜新冠疫情而奔波,没有丝毫倦怠。从这些人身上,都可以看到职业使命感减少工作倦怠感的影子。这启发我们,职业使命感是人们对抗工作倦怠的重要力量。

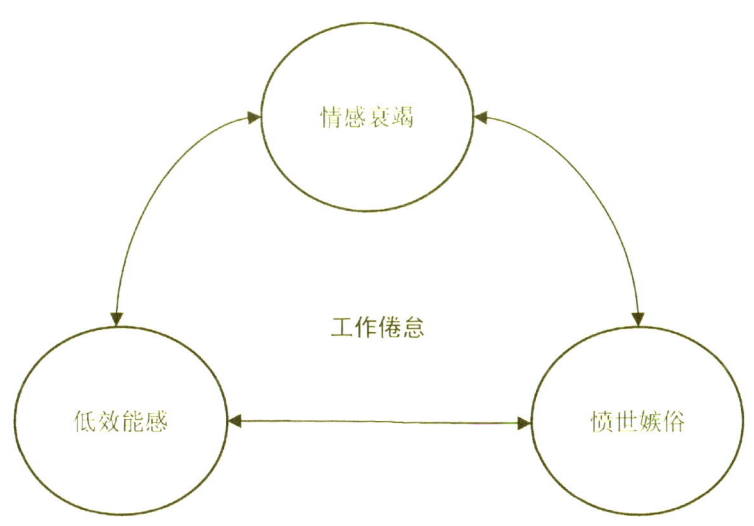

图2-2 工作倦怠的三维度模型

使命：职业心理学的解读

工作压力，也称工作应激，通常是指个人对工作环境下的影响所产生的身心反应的综合状态。俗话说，有压力才有动力，但过高的压力是损害人们身心健康的重要因素。现代社会的快节奏生活使人们处在众多的压力中，工作压力就是其中最典型的一个方面。美国心理学会在2017年开展的调查显示，工作是诱发美国人产生压力的三大来源之一，有61%的美国人感受到来自工作的压力。工作压力会导致个人出现负面的工作行为和后果，全球知名的组织咨询公司光辉国际（Korn Ferry）的调查显示，有16%的人会因为工作压力而离职。此外，工作压力还会损害个人健康，如工作压力导致头疼、注意力难集中和睡眠障碍等，慢性工作压力更是具有弥散性的负面影响，让个人焦虑、失眠及免疫力降低等。数据显示，每年有12万人会因工作压力而死亡，这些压力也导致美国每年要有1900亿美元的医疗保健支出。可见，工作压力是一个普遍存在且有显著消极影响的工作体验。诱发工作压力的因素有很多，比如工作负担过重、工作收入过低、工作任务过难、工作责任过大或工作中的人际关系不佳等，都可能诱发压力。职业使命感可能有助于降低工作压力，因为研究发现，怀有职业使命感的人心理资本水平较高（Choi et al., 2018），他们更为积极乐观，自我效能感高，更具心理韧性，而且有一种坚持奋斗的精神（Zhang et al., 2015a），因此，他们有能力更好地处理自己遇到的压力。另外，他们对工作压力的感知也会更低，因为热爱，他们对来自工作的要求有不同的感知；因为热爱，他们不认为工作要求是一种有压力的要求，他们乐于在工作上投入精力，甚至是期望工作有一些可以让自己发挥才能的高要求。比如，心理咨询师每天面对很多有心理困扰的来访者，人们会以为心理咨询师们的情绪压力很大，但对于那些对这份职业有使命感的人来说，帮助来访者解决问题并没有很大的情绪压力，甚至期待有更多的来访者寻求帮助，从而更大地发挥自己的价值。相对比，如果是那些没有职业使命感的人，哪怕只是一般性的工作要求，也会让他们感到厌烦，从而产生压力感。一项在对美国高中教师群体的研究中发现，教师的职业使命感越高,由于压力而导致的缺勤越低,由压力而导致的躯体症状越低,如心跳过快、手抖和腹痛等(Ehrhardt, Ensher,2021)。可见,职业使命感有助于减少工作压力导致的负面工作行为和躯体症状。

五、工作绩效

组织层面在员工身上关注的终极目标就是绩效,也就是员工个人到底达到了怎样的工作表现水平。现代企业组织对员工绩效必然要重视,因为这体现了组织的收益问题,是企业组织的生存根本,所以,现代企业才有了绩效管理的概念与应用。个人绩效的完成构成企业绩效的达成,人力资本对企业的价值也在绩效中得到体现。那么,具有职业使命感的人是否会产出良好的工作绩效?从很多具有职业使命感的典型人物身上,确实可以看到职业使命感对其工作表现的促进作用,比如我前文提到的钟南山、吴明珠等,他们的工作成就斐然,工作成绩备受业界认可都早早当选了中国工程院院士。但是他们只是卓越的个例,是不是具有职业使命感的人会表现出更高的工作绩效呢?目前这方面的研究还比较少。美国的一项研究发现,职业使命感高的人对自己的工作能力更为自信,他们会感知到自己的能力突出(Walsh et al.,2020)。而且,怀有职业使命感的人在工作上更加努力,会尽自己最大的力量去达到组织以及他们自己的目标(Praskova et al.,2014)。由于个人的能力和努力往往与组织的绩效紧密挂钩,这些研究结果从侧面反映出职业使命感有潜在的促进组织绩效的优势。有研究者在中国台湾的企业员工人群开展了一项研究,发现怀有职业使命感的企业员工报告了更好的工作绩效水平(Lee et al.,2018),这在一定程度上支持了职业使命感与工作绩效的正向关系。然而,这个研究的局限性很明显。在研究中,对工作绩效水平的评估基于员工自我报告而获得,而员工自评的工作绩效往往会有失偏颇,这是因为人们会普遍高估自己的工作业绩,但如果从客观指标来评估,其实际工作业绩可能与自我估计的工作业绩并不一致。至于职业使命感与个人的工作绩效是否直接相关,在另一项涉及美国和加拿大人群的研究中,研究者们发现,怀有职业使命感的人会被领导评定为绩效更高(Kim et al.,2018),这一定程度上得益于职业使命感增强了员工对组织的情感承诺,情感承诺高的员工更认同于组织的目标,并投入积极的行为达到组织的目标,从而促进个人绩效和组织绩效的实现。以上的研究证据说明,职业使命感对个人的工作绩效确实具有促进作用,纵观那些取得卓越成就的人物,他们身上普遍具有高度的职业使命感,苹果公司创始人乔布斯有一句流传很广的名言:"成就伟大事业的唯一途径就是热爱你所做的事。"固然有些怀有职业使命感的人不一定会取得很好的工作成就,但那些取得伟大工作成就的人不能缺少职业使命感,他们对工作的热爱、责任和投入为他们取得卓越的工作成就创造了坚实的条件。因此,一个人要想在工作上取得成就,必要条件之一就是要对这份工作怀有使命感。

第三讲　体验到更幸福的生活

　　工作是成年人生活中的重要内容,工作自然而然成为影响生活体验的重要因素。生涯心理学家唐纳德·舒伯在其生命历程理论中提出,一个人在自己的生命历程中,会成为很多个角色,其理论提出了六大重要而凸显的人生角色:持家者、工作者、公民、休闲者、学生和孩子。这六大角色在个人生命历程的不同阶段占据着不同的比重,比如人在出生后到20岁之前的核心角色是孩子。成年之后所承担的最大角色就是工作者,但另一重要角色则是持家者,人们会成为别人的妻子/丈夫,会成为孩子的母亲或父亲。这些角色之间有时往往并行存在,且相互影响,比如一个人既要工作,同时又要养育子女,两个角色之间相互竞争,又相互促进。因此,人们在工作和职业角色上的体验不可避免地会影响自己在生活上的体验,而在生活角色上的体验也会影响到在工作和职业角色上的体验,这就是心理学中所讲的溢出效应(spillover effect),即一个领域的角色体验

第二章 职业使命感的力量

会转移到另外一个领域的角色体验上。因此,虽然将工作或职业视为一种使命追求的体验是来自工作角色的体验,但它的积极作用不仅体现在职业和工作领域,其积极作用也会扩展到生活的领域。这里核心问题是当人们把职业视为一种使命去追求的时候,他们在生活领域是否也感到幸福和满足?这方面的研究证据主要体现在两个方面:工作-家庭助益和一般幸福感。

一、工作-家庭助益

工作和家庭是成年人绕不开的两大话题,它们构成个人生活中最重要的两大角色领域。在现代社会,人们越来越重视工作和家庭之间的平衡与和谐,前文我也提到过,全球各国都倾向于把工作-家庭平衡看作是职业成功的指标之一(Mayrhofer et al.,2016)。这是因为人们意识到,人生的幸福和意义并不都来源于工作,家庭对个人幸福和意义的贡献越来越大。特别是对中国人来说,中国文化历来就有看重家庭的传统,讲究成家立业,很多地方更是十分强调家族和宗族,从而建立起以血统关系联络起来的大族群。中国人眼中的工作和家庭关系还有其复杂的一面,工作和家庭虽然是两个不同的领域,但中国传统规范并未将二者作为对立的两方来看待。在中国,工作向来是荣耀家庭的途径,中国人重视"光耀门楣",指的就是个人在工作上取得卓越的成就,让整个家族的脸上都有荣光。而家庭也是保障工作的后备军,中国人看重"家和万事兴",指的就是家庭内和睦,工作上才会更成功。正因为工作和家庭在个人生命中的突出地位,工作和家庭之间的相互关系也成为现代心理学和管理学关注的焦点,其核心的研究在于什么样的工作体验会促进家庭生活的质量,什么样的家庭体验会促进工作的质量。通常人们会认为,如果个人在工作上比较忙,那么留给家庭的时间就少,这是一种典型的稀缺角度的观点。其根本论点在于,人的精力和资源是有限的,分给工作角色的精力多,留给家庭的精力就会减少,因此,

使命：职业心理学的解读

工作和家庭被认为处于竞争关系，两个领域间的冲突总会发生（Greenhaus, Beutell, 1985）。这一理论角度有其合理性，人们会发现自己在工作上消耗的时间或精力多了，下班后回家往往就没太多精力投入给家庭，所以会感到工作角色和家庭角色之间的冲突。但另外一种观点则并不这样认为，典型的论据同样来自著名管理心理学家杰弗里·格林豪斯，他和同事提出了一个工作-家庭助益理论（Greenhaus, Powell, 2006）。该理论认为，虽然个人的精力和资源是有限的，但这并不足以构成个人产生工作与家庭冲突的前提，影响角色间冲突的更重要的因素是个人是否能在某一角色上获得积极的体验，如果个人在工作角色上有积极的体验，那么这种积极体验会溢出到家庭角色上，让个人在家庭角色上也获得更好的结果，反之亦然，因此，这是一个双向互益的过程。根据这一理论的观点，哪怕一个人在工作上很繁忙，但如果他在工作上体验到的是快乐和满足，那么这种体验会让个人在家庭生活上也有更高的质量。基于此理论的观点，职业使命感既然能给个人带来积极的工作和职业体验，那么，它也有潜在的有助于家庭角色的作用。

职业使命感是一个来自工作或职业上的体验，它对个人的家庭生活是否有积极的影响？目前，这一问题的答案是比较肯定的，即职业使命感会让个人体验到工作对家庭的助益。在这方面有些典型研究：第一个是针对德国人群所做的研究，这些人群的年龄在50~60岁。该研究发现，这些人虽然已经即将达到退休的年纪，但他们身怀的职业使命感有助于其获得在工作上的积极情绪体验，进而促进了其家庭生活质量（Hirschi et al., 2019）。这一研究结论极大地支持了工作-家庭助益理论的观点。第二个是针对韩国士兵的研究，该研究同样发现这些人的职业使命感与其工作助益家庭的体验存在正相关关系，一部分原因是因为怀有职业使命感的士兵们心理素质更高，比如他们更加乐观、更自信、更有心理韧性，这些促进了他们的工作对家庭产生助益（Choi et al., 2018）。

第二章 职业使命感的力量

第三个是来自针对中国人群的研究(Zhang et al.,2022b),该研究首先发现了三种工作与家庭关系模式,(如图 2-3 所示),分别为(1)轻微冲突型,即工作和家庭之间的关系是相互助益少,而相互冲突多一点,这一类型的人群占比最多,达到 51%,说明两个角色之间会存在一定程度上的竞争;(2)工作向家庭冲突型,人群占比为 15%,即工作和家庭之间同样是相互助益少,且家庭也不会冲突和干扰工作,但工作则会冲突和干扰家庭,因此,该类型的人只体现出了工作角色干扰自己对家庭角色的投入;(3)助益型,人群占比为 34%,即工作和家庭之间的关系是相互助益多,而相互冲突较少。这是一个积极的类型,因为两个角色之间只有互相助益,而没有相互冲突。总体上看,大多数人仍然能感到工作和家庭之间的关系处于相对冲突的状态,这一结果在现代中国并不令人感到惊讶,中国经济的高速发展给人们带来了机遇,但也带来了更大的经济压力和工作时间压力,"996"不仅是一个话题,它还代表了中国长久以来存在的一种工作文化,人们不得不花费大量的时间和精力在工作上,但中国又有看重家庭的文化传统,这导致很多现代中国人的工作与家庭关系处在相对冲突的状态。在发现这三种关系模式的基础上,该研究进而发现怀有较高职业使命感的人,其工作与家庭关系模式更可能是助益型。这启示我们,如果工作和家庭之间的关系难免会出现冲突,那么职业使命感可能是缓解冲突的一个重要因素,热爱一份工作才能让人感到工作是享受的,这种良好的体验可能让人更少觉得自己的工作在干扰家庭生活。相反,个人不热爱的工作才更可能使人感知到工作在干扰自己的家庭生活。以上的这几项研究结论都支持了职业使命感促进工作与家庭角色之间相互助益,其原因在于职业使命感使个人在职业和工作上获得愉悦而满足的体验,从而让这些积极体验溢出到了职业和工作之外的家庭领域,因此,怀有职业使命感的人会觉得自己的工作有助于家庭,这支持了职业使命感对工作之外的生活领域的积极作用。

使命：职业心理学的解读

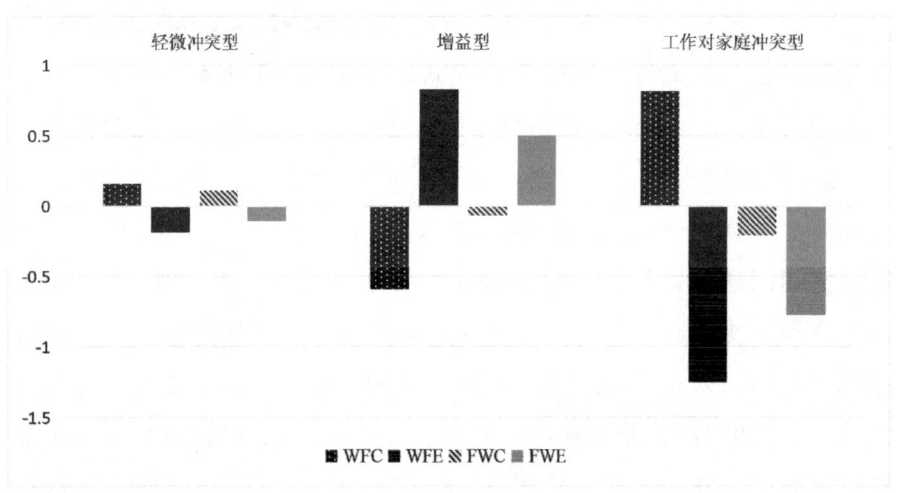

图2-3 工作-家庭关系的三种模式

注：WFC是工作向家庭冲突，WFE是工作向家庭助益，FWC是家庭向工作冲突，FWE是家庭向工作助益。

资料来源："Living a calling and work-family interface: A latent profile analysis"。

二、一般幸福感

人有追求幸福的美好向往，"幸福"虽然看起来是一个再简单不过的词，但在不同人的眼中却有着不同的理解。犹记得2012年央视新闻的街头采访，央视记者对着街头巷尾的人们问道："你幸福吗？"，该采访引起公众热议，街头采访的回答中蕴含着中国人对幸福的朴素理解。从众多的回答中，能看出人们眼中的幸福是不一样的体验，存在不一样的幸福理由，有着不一样的幸福要求。一个人感到生活得很快乐，心情愉悦，享受着生活的乐趣，整天过得开开心心，这是一种普遍认为的幸福，就像在央视的采访中，写字楼里的码农小伙子说："天天过得倍儿开心，就挺幸福的。"街头擦鞋的阿姨说："幸福是开心，好好过日子。"代驾师傅说："幸福就是开心、健康。"这些简单而朴素的回答都体现着幸福是一种令人快乐的体验。但另一方面，一个人或许过得并没有多么快乐，可他感到生活很

第二章 职业使命感的力量

有意义,很有价值,自己在实现着自己人生中重要的东西,这也不失为一种幸福。中国著名心理学家彭凯平讲道:"幸福是一种有意义的快乐。"譬如,一个创业者去贫困地区创立农产品加工厂,在自己赚钱的同时,也帮助当地的农民脱贫致富,这对他来讲就是有意义和有价值的幸福。这时他的幸福不仅仅是开心快乐,而是有了更深层的意义性。以上的两种反应代表了幸福的两种典型取向:快乐的幸福(hedonia)和心盛的幸福(eudaimonia)。快乐的幸福强调人体验到快乐、愉悦和享乐,其核心指标包括生活满意度、较高的积极情感和较低的消极情感等。而心盛的幸福则强调幸福不仅仅是快乐的体验,更应该有潜能实现的体验,比如体验到生活有目标有意义,自己有价值等(Baumeister et al.,2013)。两类幸福感之间并不冲突,而且存在一定的联系,他们代表了两种不同的幸福视角。目前,有关职业使命感的研究已经检验了它与这两类幸福之间的关系,得出比较一致的研究结论,即职业使命感对两类幸福感都有促进作用,但相对比而言,职业使命感与心盛幸福感的关系更加紧密。

首先,大量研究证据显示,怀有职业使命感的人会体验到更高的生活满意度。例如,早期以不同职业取向为视角的研究中就已经发现,持有使命取向的人比持生涯取向和工作取向的人具有更高的生活满意度(Wrzesniewski et al.,1997)。另外一项在 2432 名美国大学生人群的调查研究中发现,职业使命感与生活满意度存在正相关关系(Duffy, Sedlacek, 2010)。随后的诸多研究均支持这样的关系存在,如一些研究者在美国人群中开展的研究(Duffy et al.,2013c;Duffy et al.,2017a),在德国人群中开展的研究(Hirschi, Herrmann,2012)。在中国的背景下,一些研究分别在中国的大学生人群和已工作人群中验证了职业使命感与生活满意度之间的正相关关系(张春雨 等,2013;Zhang et al.,2015b;Zhang et al.,2015c)。甚至是那些处于失业中的人(Torrey, Duffy,2012)和已经退休的人(Duffy et al.,2017b),虽然他们的职业和工作角色暂时缺失或已完全缺失,但他们怀着的职业使命感也对其生活满意度具有促进作用。此外,

使命：职业心理学的解读

在英国的牧师群体开展的一项日记研究也发现,日常生活中践行职业使命感会让他们收获更多的积极情绪体验(Conway et al., 2015)。从以上的众多研究证据中可以看出,不管对哪种文化背景下的人来说,职业使命感的力量确实可以扩散到生活体验上,一个人做着有使命感的职业,他也会在自己的生活上更加快乐和满意。值得注意的是,这些研究所发现的职业使命感与生活满意度、积极情绪等的关系,大多为低相关。也就是说,虽然职业使命感对这种快乐式的幸福有贡献,但所起到的贡献度并不算很大。这一方面可能是因为影响生活满意度和积极情绪的因素有很多,职业使命感对它们能有一部分的贡献,足以说明职业使命感对快乐式的幸福所发挥的力量。另一方面,也说明,职业使命感带给人们的更大幸福体验并不在于这些快乐式的表达,而是一种心盛式的表达。

职业使命感对心盛幸福的作用主要体现在它与人生意义感和目标感等的关系上。一项在美国大学生人群的调查研究发现,职业使命感与人生意义感存在中等程度的正相关关系(Duffy, Sedlacek, 2010)。此后的多项针对美国人群的研究也均支持了两者之间存在的中等程度正相关关系(Duffy et al., 2013c, 2014a, 2017a)。我自己开展的在中国大学生人群的研究中,也发现了职业使命感与人生意义感的中等程度正相关关系(Zhang et al., 2015b)。此外,以上的这些研究也都同时考查了职业使命感与生活满意度之间的关系,均发现职业使命感与人生意义感的相关度高于职业使命感与生活满意度的相关度。这说明,职业使命感对个人幸福体验的贡献更多体现在心盛的幸福感,让人们感到自己的生活和生命更有意义,而不仅仅是一般层面的开心和快乐,这种意义性的获得是更深层的体验,不局限于一般需求的满足。奥普拉曾说过,由于她把做访谈节目当成是一种使命,用它来服务自己的观众,她才感到了更深层的快乐,有意义感,有自我实现感,自己的人生因此变得更加充实。正如维克多·弗兰克尔所说:寻求意义是所有人类行为的首要动机。人们需要意义带来的心盛幸福,职业使命感可以帮助人们找到并体验到意义。这从很多

第二章 职业使命感的力量

典型的怀有职业使命感的人身上可见一斑,吴明珠院士在新疆的戈壁滩上进行甜瓜育种,后到海南进行相关工作,条件都很艰苦,但在这个过程中,她的成就感很大,她的工作帮助到了当地的农民,实实在在地使农民致富,农民们真心感谢她,她从事着自己所热爱的工作,又能为他人和社会有所贡献,这些都让她感到自己的人生非常有意义。同样处在艰苦环境中的还有敦煌研究院的樊锦诗院长,她说:"我几乎天天围着敦煌石窟转,不觉寂寞,不觉遗憾,因为值得。我这一辈子就做了一件事,无怨无悔。"她感到自己的人生有意义、有价值,这是敦煌的使命给她带来的深层体验,她清楚敦煌工作的价值和意义,被敦煌那博大精深的艺术瑰宝所吸引,被承载的历史使命所驱动,因此,她感到一切都值得,自己的人生也值得。

综上所述,职业使命感对个人的一般幸福感具有积极作用,尤其对心盛幸福感的积极作用更大。人生的幸福不仅在于有那种快乐和享受的体验,还有富有意义和价值的深层表达。职业使命感的力量在于,它不仅使人们对生活感到快乐和满意,也使他们感到生活有意义、有价值、有目标。

第四讲 有时会物极必反

中国有句成语叫"物极必反",指的是如果事情发展到了极端,就会向相反的方向转化。很多事情,如果做得太极端,它本该有的好处反而会变成坏处。这就是所谓"过犹不及",事情做过了头,跟做得不够一样,都显得不好。职业使命感的力量也是如此,虽然在前文中,我已经讨论了它对个人职业生涯、工作行为和幸福感的积极作用,但有时,过高的职业使命感也会起到反作用,导致一定程度上的消极后果,这就是职业使命感力量的"阴暗面"。因此,对职业使命感的作用,必须辩证地看待,不能一味地强调它的积极力量,这样才能更辩证地理解和更好地发挥职业使命感的积极力量。

使命：职业心理学的解读

一、坚持的极端是固执

前文已经讨论到，怀有职业使命感的人对自己的职业选择更加坚定，也对自己选择的职业发展之路更加坚持，这体现职业使命感带来的坚毅性，他们不会轻易地放弃自己的追求。然而，这种坚持和坚毅的极端表现可能是固执。所谓固执，体现为个人在自己的职业生涯发展上固执己见，被自己的一腔热爱冲昏头脑，无法听取他人的建议和指导，他们只相信自己的选择，而那些劝告无法被他们所采纳。这方面典型的证据来自肖莎娜·多布罗所开展的系列研究，她和同事的一项研究发现，怀有职业使命感的学生一般不会接受自己信赖的老师或导师所提出的在职业选择上的劝阻意见。他们的研究在音乐专业学生和商学专业学生中开展，如果这些学生信赖的老师或导师劝阻他们以后不要从事音乐行业或商业类工作，怀有职业使命感的人更倾向于不接受这样的劝阻（Dobrow，Tosti-Kharas，2012）。这一方面说明，怀有职业使命感的人对于自己的职业决策和选择相当的坚定，不受外部阻力的干扰；另一方面，也说明这些怀有职业使命感的人非常固执己见，容易被一腔热爱蒙蔽双眼，听不进劝告，过于固执于自己的想法可能会阻碍他们职业生涯的良好发展。比如，难免有些人的使命追求是不现实的空想，对于他们来说，如果无法接受他人的合理劝告，其职业生涯发展可能会走入无法实现的困局。另外一项在荷兰人群中开展的研究也有类似的发现，该研究发现，怀有职业使命感的人会更固化自己的职业选择，职业目标和选择的灵活性不够，他们不会轻易改变自己的职业选择，一旦认准了自己的使命式职业，就不会再考虑其他可能的职业选择，没有给自己留有更多的职业发展可能性，这在一定程度上会限制他们在劳动力市场的可雇佣性，使他们可能会更难找到其他合适的工作（Lysova et al.，2018）。从这个意义上来说，固执于自己的选择有助于择业，但却可能不利于就业，哪怕一时不能实现自己的使命追求，有高度职业使命感的人不会屈就地选择一个自己不热爱的职业。

第二章 职业使命感的力量

固执的潜在消极影响在肖莎娜·多布罗后续的研究也可见一斑，她开展的另一项研究发现，怀有职业使命感的音乐生会主观地感知到自己在音乐方面的才能，这驱使他们在竞争激烈的音乐行业中坚持追求下去，但怀有职业使命感与这些人的客观能力水平并不相关（Dobrow，Heller，2015）。也就是说，这些怀有职业使命感的人之所以固执地坚持追求音乐事业，并不是因为他们音乐能力出众，而是他们相信自己的音乐能力出众。虽然个人确实需要自信，但如果个人过度地相信自己的能力，就会显得自大或有些不切实际。这启示到一点，抛开能力谈梦想多半是空想，职业使命感不是仅仅有一腔热爱就够了，它还需要个人有能力，否则很可能坚持到最后是"竹篮打水一场空"。很多人都看过周星驰的电影《喜剧之王》，主角是一个怀揣着演员梦但却连龙套都跑不好的人，再怎么有很多人打击他，他都一心要成为真正的演员，电影里的结局是美好的，但现实中的很多人恐怕没有电影里那么美好的境遇。因此，一个人应该适时地认清自己的天赋，没有天赋的努力可能会徒劳一场。英国有位成名的女歌手，叫艾梅丽桑德（Emeli Sandé），她曾在2012年伦敦奥运会的开幕式和闭幕式都做过歌唱表演，但在她的早期职业生涯中，唱片公司的老板却拒绝与她签约，因为这位老板在看过艾梅丽的试唱后，认为她不会成名，艾梅丽的自信因此受到打击，好在她仍然相信自己的创作和演唱能力，没有因打击而放弃音乐，否则我们可能就听不到这位女歌手的美妙歌声了。这种自信本质上就是自我效能感，班杜拉的社会学习理论十分强调自我效能感。借鉴此理论，社会认知职业理论（Lent et al.，1994）提出职业自我效能感是促进个人取得良好职业生涯体验的关键因素。但关于自我效能感很重要的一点是，实际能力和主观能力是不是保持一致？两者不能偏离过大，只有它们较为一致时，个人才不至于把职业使命感变成一场空谈。如果一个人不管自己的实际能力，不听劝阻，固执地认为自己在某个领域上有能力，那么自己的一腔热爱恐怕也就只是"纸上谈兵""水中望月"罢了。

使命：职业心理学的解读

二、敬业的极端是沉迷

如前文所述，职业使命感的一个积极力量体现在它促进个人对工作的敬业和投入，不管是主动热爱式的投入，还是责任推动下的投入，都可能驱使个人更愿意在工作上付出自己的精力。但有时，这种投入和付出可能过度，体现为过度敬业，导致个人在工作上更加忘我，这可能伤害到他们的身心健康。毕竟人的精力和时间是有限的，个人给工作投入的时间和精力应该控制在一个合理的范围内。但高度的职业使命感可能会导致过度投入和敬业，很明显的证据就是职业使命感可能导致工作狂的倾向，出现沉迷于工作甚至自我强迫性工作的现象。我在前文中已经提到一项重要的日记研究，该研究发现，怀有使命感的人会投入更多的时间给工作（Clinton et al.，2017）。这显示出，从时间层面上看，职业使命感具有潜在的引起工作狂倾向的风险。众所周知，工作时间是一个与个人身心健康密切相关的因素，过长的工作时间会增加出现健康问题的风险。世界卫生组织的报告显示，全球每年有200万人死于职业相关的疾病或伤害，其中工作时间长是主要的原因之一，研究发现，每年有75万人因工作时间长而死亡，与之相关的疾病是中风和心脏病等。除了对身体健康的影响之外，工作时间也是影响个人幸福感的因素，个人需要在合理的时间内工作，因此，当"996"工作制出现的时候，引起巨大的社会争议，如果按照这种工作制来安排工作时间，每周工作时间将达到72小时，远超55小时这个危害健康的工作时间标准，这显然是一个不人道的工作制。不同于大多数人会经历被动性工作时间过长，怀有职业使命感的人更可能出现的是主动性工作时间过长，更难与工作产生心理脱离，增加出现工作狂倾向的风险，进而伤害个人的身心健康及幸福感。一些研究者通过日记研究的方法，发现日常工作中践行职业使命感不仅延长了个人的工作时间，还导致个人在一天工作结束后难以与工作产生心理脱离，比如，下班后还依然想

第二章 职业使命感的力量

着工作上的事,休息时脑海中仍充满着工作,这进一步降低了个人在晚上的睡眠质量和第二天起床后的活力水平(Clinton et al.,2017)。该研究的发现很有价值,因为它证实了职业使命感如何在日常的工作中影响着个人的身心健康。忘我工作在日积月累中,会伤害到个人的健康,现实中,我们可以看到一些带着使命感而忘我工作的人,最终不幸倒在了自己的工作岗位上。比如,山东省中医药大学附属医院有一位叫杨文军的医生,年仅49岁,因突发疾病而去世。妻子对他的总结就是迷恋工作,对自己的工作充满着使命感,白天在医院上班,晚上回家总结工作,第二天早起再研究,经常都是早晨4点钟就起床看书看资料,加班频繁,常备压缩饼干充饥。这种对工作的长期过度投入,难免会伤害到他的身体健康,这显示出职业使命感可能带来的负面影响。

有两项在德国人群中开展的研究已经发现职业使命感与工作狂倾向存在显著的正相关关系,但两者的相关系数较低(Keller et al.,2016;Hirschi et al.,2019),而且其中的一项研究还进一步发现,职业使命感所激发的工作狂倾向会引发个人产生在工作和非工作领域角色上的冲突。这是因为个人在工作上过度投入和敬业,从而使工作之外的私人生活受到挤压(Hirschi et al.,2019)。因此,从这个角度看,虽然前文也总结到,职业使命感促进了个人在工作上的积极体验,会进一步促进工作和家庭相互助益,但它也因为增加了个人的工作狂倾向,而引起了工作和家庭冲突。这就是所谓的"双刃剑"作用,即职业使命感对个人的工作-家庭关系既有积极作用,也有消极作用。另外一项以意大利人群为对象的研究进一步探究了职业使命感与工作狂倾向的关系,该研究发现,职业使命感使个人对工作更具激情。但是,这种激情是双面的,一种是适应性的激情,让他们可以自由地从事自己热爱的工作,被称为和谐的激情;另一种是非适应性的激情,受不可控的压力影响,而迫使自己去从事自己爱的工作,被称为强迫的激情。和谐的激情有助于减少工作狂倾向,而强迫的激情则会增加工作狂倾向(Dalla,Vianello,2020)。从这个角度看,职业使命

使命：职业心理学的解读

感只有在引起的是强迫性的激情的情况下，才更可能导致工作狂倾向，个人如果可以让自己的激情与生活中的其他角色和谐共处，这种激情则能够平衡好工作与非工作之间的关系，从而减少个人的工作狂倾向。

综上所述，把职业或工作视为一种使命，在一定人群的身上可能会出现工作狂倾向，这不容忽视。人们要警惕这种工作狂倾向，保护自己的身心健康，让自己能够有工作之外的私人休闲生活。社会新闻上不时会报道"过劳死"的新闻，如果那些热爱自己工作或受某种力量推动而工作的人，因过度敬业工作而损害到自己，实在令人惋惜。我们虽然讴歌那些怀着使命感而把自己的一切都奉献给工作的人，但我们并不鼓励这样的行为。工作固然重要，但一个人的人生中，不仅有作为工作者的角色，他/她还会有很多其他的重要角色，他/她会是父母、孩子、朋友，人们需要在各种角色中做到平衡。工作不是个人生活的全部，工作之外的生活也是构成人生的重要部分。

三、小心被剥削

现代组织对员工的工作要求也应该限制在一个可接受的范围内，个别组织中出现的明里暗里的"996"工作制明显超出了这个可接受的范围，这就构成了一种变相的剥削。我在前文中已经讨论了怀有职业使命感的人会更投入和敬业，这种工作投入是个人自发的主动行为，但如果投入和敬业被他人或组织所利用，让他们榨取怀有职业使命感者的价值，占怀有职业使命感者的便宜，这就构成了一种组织剥削，因此，由于工作表现敬业，怀有职业使命感的人会有被组织剥削的可能性。这一点在前人的研究中有明显地体现，研究者在对动物园饲养员们的访谈研究中发现，那些把与动物们一起工作视为使命的人，会担心自己的主管领导知道自己热爱这份工作，因为他们担心领导会认为没有必要考虑给他们外在的激励手段（如加薪、奖金等）来激励他们更好地开展工作，领导也可能会派给他们更困难、更复杂的任务（Bunderson，Thompson，2009）。一旦领导

第二章 职业使命感的力量

意识到某个员工是怀有使命感而主动表现出高度敬业,那么就可能感知到这个员工会更听从工作安排,不用费力推着他工作。由于给这样的员工安排工作更加容易,领导会更倾向于把难活、累活推给他们。中国有句成语叫"鞭打快牛",大意讲的是农夫有两头牛,一头黄牛,一头水牛,农夫先是带黄牛犁田,但任凭农夫如何吆喝鞭打,黄牛就是不犁田。农夫只好让黄牛去吃草,换了水牛来犁田,水牛不用农夫吆喝就主动拉起了犁,但农夫却还是不断地鞭打水牛。水牛不解:"我明明已经很听话在犁田了,为什么你还是打我?"农夫说:"黄牛不犁田,只有你犁,不打你,让你快一点,什么时候才能犁完田呢?"说罢,农夫又挥鞭打起了水牛。这个"鞭打快牛"的故事反映的就是,有时那种敬业的员工反而会被组织压榨,承担更多更重的责任,却又得不到应有的尊重或报酬。很多人可能会意识到这种现象,有些因热爱工作而敬业的人往往会被领导安排棘手的工作,原因在于他们更听话,不听话的人反而落了清闲。甚至这种压榨和利用还会发生在同事之间,在团队工作时,由于怀有职业使命感的人更加敬业,团队的其他成员也可能逃避一定的工作责任。这其实也是一种被同事占便宜的行为。因此,不难理解为什么前人研究中的动物园饲养员们不想让别人知道他们怀着使命感了。

因而,一个人若让组织知道自己对工作或职业怀着使命感,会有潜在的风险,他们可能会因自己的这种使命感而被占便宜,这种现象显然十分不合理。我在前文讨论工作动机时阐述过,怀有职业使命感的人确实具备高水平的内在动机,他们有工作的乐趣,有对工作的热爱,但这并不意味着他们不在乎物质的奖酬。他们的敬业和投入并不是不计回报,组织应该奖励具有职业使命感的人,不能伤害为工作倾注很多情感和精力的人。怀有职业使命感者也应该意识到,自己的使命感不可成为组织或他人利用自己的借口,对一份工作充满热情和敬业,并不意味着自己要牺牲掉个人的生活或应得的奖酬。

第五讲　实现与否更关键

　　一个人对某一份职业怀有使命感,并不意味着他会最终实现自己的使命追求。现实世界里,可能有很多人,他们确实热爱某一份职业,或者说对某一份职业怀有极大的兴趣,但因为种种原因,最终无法去从事这份职业,这时,原本怀有的使命感的力量可能大打折扣,甚至会适得其反。事实上,这种无法实现自己使命追求的人,大有人在,常有人会说他们在自己现在的职业上看不到价值和意义。他们中的有些人很清楚令自己感到有使命感的工作是什么;他们中的另一些人虽然不清楚它是什么,但却渴望找到一份能让自己体验到价值和意义的职业,以上的两种情况体现出职业使命感的两种状态:第一种状态为未实现自己的使命追求(unanswered calling),第二种状态为在寻找自己的使命追求(search for calling)。职业使命感存在的状态不同,所收获的体验也可能大相径庭。寻找使命追求反映的是一个人渴望有自己的使命式职业,但自己并不知道这份职业是什么,所以需要自己继续寻找下去。对个人来说,这个寻找过程中的体验往往并不好。由于没有明确的目标,个人可能会在寻找中时常感到焦虑和迷茫。研究发现,这些人对自己的了解还不够清晰,自我同一性还未完成,他们也不能做出明确的职业决策,处于一种迷茫的状态(Duffy,Sedlacek,2007)。连著名的苹果创始人乔布斯也说过,当自己从大学退学后,寻找自己所热爱的东西的日子并不浪漫,他当时非常害怕和焦虑,因为他对当时的自己和未来的自己都没有清楚的认识,这是一个人在寻找使命过程中不得不承受的心理代价。

　　一个人明确地感知到自己对某一职业有使命感,这就是怀有职业使命感,这也是本书所核心阐述的状态,我在前文中着重说明了这种状态的积极作用。然而,如果职业使命感要发挥更积极的力量,其关键不仅仅在于怀有职业使命感,而是在于个人是否实现了自己的职业使命

第二章 职业使命感的力量

追求。如果一个人对从事医生职业怀有职业使命感,但自己无法实现这个追求,恐怕这时的使命感反而是一个"求而不得"的打击。达菲等人提出了一个工作使命感理论(work as a calling theory)(如图2-4所示),在该理论模型中,怀有职业使命感只是整个使命发展过程的起点,这个过程的中间关键点是实现自己的使命追求(living a calling),当个人成功践行和实现了自己的使命追求,他们会获得更积极的工作体验。但同时他们也可能需要承受实现使命追求后的"阴暗面",如对工作的过度投入和被组织的潜在剥削(Duffy et al.,2018a)。该理论模型认为实现职业使命追求比仅仅怀有职业使命感更重要,实证研究的证据也证实了这一点,研究普遍发现,实现职业使命追求比怀有职业使命感具有更大、更积极的作用。例如,一项在美国就业人群的研究发现,实现职业使命追求比怀有职业使命感对个人生活满意度的贡献度更大

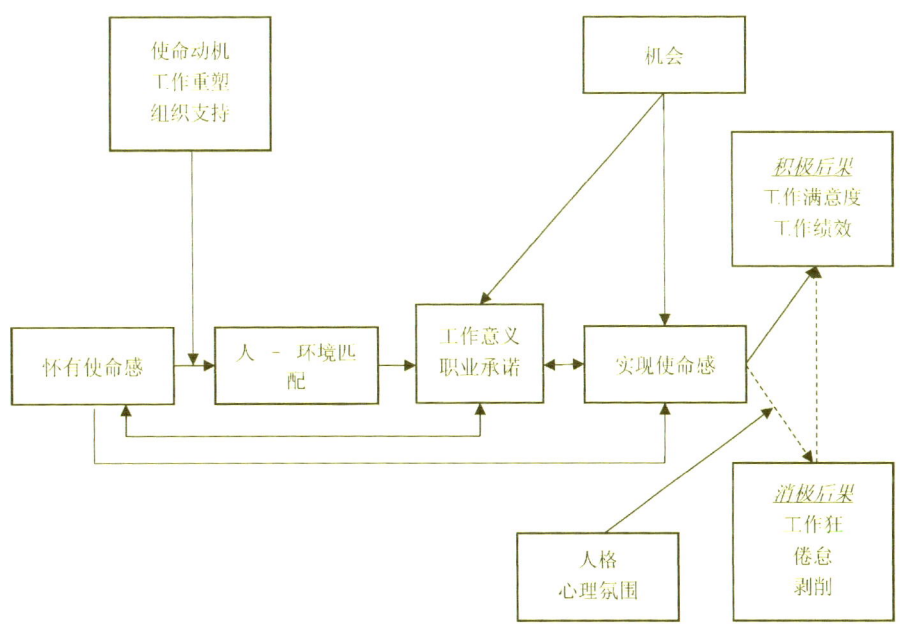

图2-4 工作使命感模型

资料来源:"Work as a calling:A theoretical model"。

使命：职业心理学的解读

(Duffy et al.,2013c)。研究者们后续开展的一些研究也同样支持这一结论(Duffy et al.,2016a；Duffy et al.,2017a)。因此，要想最大化地发挥职业使命感的积极作用，就需要人们付出努力来实现自己的使命追求。中国社会讲求"安居乐业"，如果个人实现自己的职业理想，热爱自己的职业，他才能真正地乐在其中。

研究发现，人群中大约有不到45%的人会感知到自己对某职业怀有使命感(Duffy,Dik,2013a)，考虑到人们对职业会怀有多种取向，这个接近一半的比例并不低。然后，怀有职业使命感与实现职业使命感的相关系数大约在0.5上下(Duffy et al.,2018a)，一方面，这说明"怀有"和"实现"职业使命感之间存在一定的重合之处，毕竟个人要先有使命感，才有实现的基础，这是一个有重叠关系的过程，一个人不能在没有使命感的情况下去实现它，这从逻辑上无从谈起，这种重叠导致两者之间会存在这样的相关关系；另一方面，这也说明有些人虽然对某份职业怀着使命感，但却不能实现自己的使命追求，所以两者之间的相关才只有中等程度，而不是高相关。一般来讲，未实现使命追求的状态被区分为两类(Berg et al.,2010)：一类称为错失型(missed calling)，即个人没有把当前从事的职业视为是使命式职业，而对其他的职业具有使命感，通俗概括就是"有唯一所爱而不得"，属于错失所爱；另外一类称为额外型(additional calling)，即个人虽然把当前从事的职业视为是使命式职业，但还对其他的职业具有使命感，简单概括为"吃着碗里的，还惦记锅里的"，个人有多个让自己感到有使命感的职业，不管在实现着哪一个，总会有还未实现的另一个。就像我在前文提到过的小野祯一，他有着传承父亲的寿司店的使命，他对做寿司有职业使命感。但他还曾有一个做赛车手的梦想，他热爱有速度的东西，但因为成为赛车手需要很多的钱来支撑，他没有实现这个使命追求。他就是典型的额外型，对于他未实现的那一部分使命追求，总是会令他感到有些遗憾。可见，这两类"未实现"在现实中都可能存在，其中尤以错失型最为典型。这种错失显然不是人们希望得到的结果，人一旦错

第二章 职业使命感的力量

失所爱,就可能会有遗憾和悔恨的体验,也可能对自己职业上的事情感到更加敏感和脆弱。有研究发现,错失型通常导致持续性的懊悔,导致这一类型的人在追求使命式职业遇到困难时,感到强烈的沮丧和愤怒。相对比而言,额外型则仅仅导致间歇性的懊悔,他们的压力情绪不是沮丧,而是工作负荷压力,这是由于他们有额外的使命式职业,需要他们投入到多个工作任务中,因而带来了一定的工作负荷压力(Berg et al.,2010)。可以看出,不管是错失型,还是额外型,都会导致消极的后果,其中,错失型所导致的消极体验更为强烈。

有研究者在美国的大学教职人员中开展了一项研究,该研究关注的是未实现使命追求中的错失型。他们发现错失自己使命式职业的人比已经实现使命追求的人表现出更低水平的工作投入、职业承诺、工作满意度、生活满意度、身体健康以及心理健康水平。甚至,连压根儿就没有职业使命感的人也比错失使命式职业的人在这些变量上具有更高的水平(Gazica,Spector,2015)。类似的研究结果在另一项新近的研究中也被发现(Duffy et al.,2022),该研究通过潜在剖面分析发现了四种职业使命感类型:实现型、平均型、缺乏型和错失型(如图2-5所示),其中,实现型的人在怀有和实现职业使命感的水平上都很高,该类型具有最积极的效果。实现型的人报告了最高的工作满意度和生活满意度,而错失型则具有最消极的效果,其消极作用要更大于缺乏型,这说明错失职业使命追求的人比那些没有职业使命感的人更会体验到消极的结果。这些无疑说明,怀有职业使命感却无法实现还不如根本就没有职业使命感,有所热爱却没有实现,比没有自己所爱更加糟糕。梦想破碎所带来的打击是巨大的,这会让很多人在职业、工作和生活上有消极的情绪和行为反应。他们可能会表现出更多玩世不恭、愤世嫉俗的态度,以及对人生际遇和现实世界的不满,甚至会转变自己的职业取向,放低自己对使命式职业的看重,转而开始重视物质奖酬等属于工作或生涯取向的核心特征。其实,这些反应本质上就是逃避,但这种逃避也是出于个人对自我的保护,是个人对

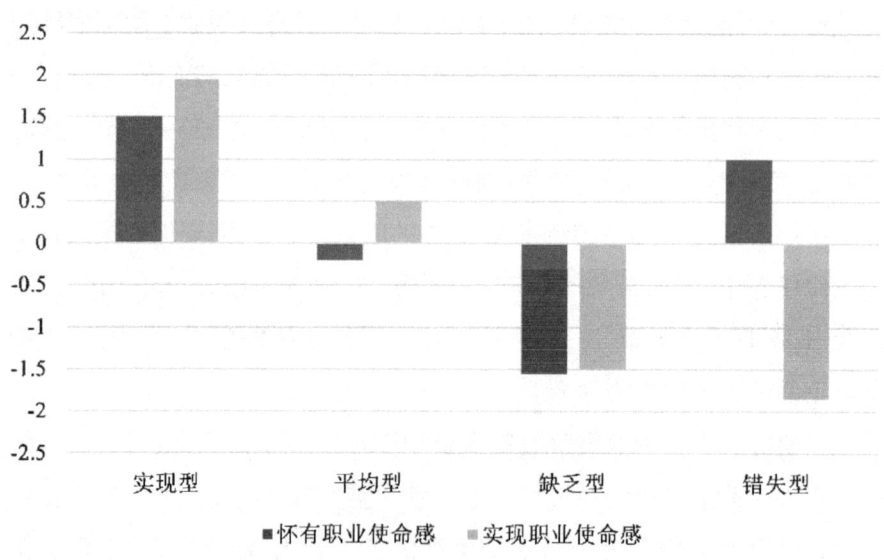

图 2-5 职业使命感的不同状态类型

资料来源:"A latent profile analysis of perceiving and living a calling"。

未实现使命追求的负面体验所做的防御性反应,防止负面的结果对自我的伤害。如前所述,职业使命感承载着个人对人生意义和价值的表达,当个人无法实现使命追求时,他们对自身意义和价值的感知会受到伤害,使他们觉得工作没有意义,自己没有价值,甚至是整个人生都失去了方向和目标,这会演变为一种非常泛化的消极反应链。然而,很多人不会完全被动地接受这样的反应,而是去防御,让自己免受无意义感的伤害,诸如愤世嫉俗或转变职业取向都属于这种防御性反应。

综上所述,要深入理解职业使命感的力量就需要考虑到职业使命感的不同状态,"寻找""怀有"和"实现"所带给个人的体验和作用是大相径庭的,个人在意识到令自己感到有使命感的职业追求之后,再努力实现自己的职业使命追求,才是发挥职业使命感积极力量的关键之处。

第三章 找到自己的职业使命

  成就伟大事业的唯一途径就是热爱你所做的事,如果你还没找到这份热爱的话,就继续寻找,不要屈就。
  ——苹果创始人乔布斯(Steve Jobs)于2005年斯坦福大学的毕业演讲

  或许很多人会问:"我也想有一份令自己感到有使命感的职业,但自己还没有发现这样的一份职业。"这确实是一个困扰很多人的问题,但正是因为有这样的疑问,人们才被驱使着去寻找答案,没有答案之前会让人倍感困惑和焦虑,导致这些仍处于找寻使命中的人感到不那么满意和快乐。有学者讲过:"发现自己的使命追求不是一件容易的事"(Novak,1996),这当然不会是一件容易的事,它就好比寻找自己的爱情一样,要想找到毕生所爱,绝非易事。找到自己的职业使命不是简单地找到一份能从事的职业或工作,使命里蕴含的意义已经在前文中进行了系统地阐述,个人要想找到自己的职业使命,需要具备诸多的先决条件,或者说存在诸多的影响因素。并且,它不是一个一蹴而就的事情,要经历一个漫长的过程,最终,有些人会找到有使命感的职业。那么,个人如何找到自己的职业使命追求呢? 有一项研究为我们提供了很好的解答(Bloom et al.,2020)。在该研究中,他们发现了个人找到自己使命追求的两条路径,分别是洞察(discernment)和探索(exploration),前者的关键在于个人通过不断地内省和自我认知来领悟到自己的使命追求,后者的关键则在于个人因感到现有学业或工作上缺失了对自己重要的意义表达,而不得不去持续探索和改变,直到在某份职业中找到这种重要的表达。但是,这

使命：职业心理学的解读

两种路径并不是冲突的，相反，两者有相互融合的一面。

第一讲 洞察

所谓"洞察"主要指个人找到使命式职业是一个逐渐演变的过程。在这个过程中，个人不断加深对自己的认识和了解，随着这种自我认知的加深，个人对自己有使命感的职业也逐渐清晰。因此，洞察之旅的根基是自我，个人是在对自我进行洞察，从而在自我的基础上，获得有使命感的职业。这个洞察过程就像一段旅程，从一个起点逐渐行进到终点，终点也就是那个让个人有使命感的职业。一个人最终洞察到自己的职业使命感并不容易，这个过程会涉及四个重要的体验：了解真实的自我、内省、看齐榜样和得到有益的引导。这四个体验可能会循环反复，直到最终明确自己的职业使命感，即为"找到"。

一、了解真实的自我

自我概念是个人对自己的心理表征。个人在生活经历中不断探索和发展自我，逐渐明白自己是一个怎样的人。个人要综合自己过去的经历、现在的体验和未来的设想，来得到一个清晰且和谐统一的自我形象。对个人来说，自我概念是异常重要的，在人的毕生发展中，"我"的意识总是在参与着很多关键的发展。如果没有这种意识，人就会失去根基，终将迷失自己的方向。职业心理学领域也十分重视自我概念，诸多职业生涯发展理论都强调自我在个人职业生涯发展中的重要性。生命历程理论就强调自我概念，该理论认为个人职业生涯发展的基础是自我概念，职业生涯发展本质上就是个人的自我概念融入工作或其他角色的过程，即职业生涯就是个人的一般自我概念扩展到了职业生涯领域而已（Hartung，2013）。另一个重要的理论，生涯建构理论是近些年备受职业心理学领域重视的理论（Savickas，2015，2013）。该理论同样十分强调自我的重要

第三章 找到自己的职业使命

性,该理论对生命历程理论进行了推进,把自我概念发展为自我建构(self-construction)。更准确地说,是把生命历程理论中涉及的自我建构发扬光大,建构主义的观点认为事物是主观经验加工后的结果,世界上的事物虽然客观存在着,但人们对它们的认识是一种主观的结果,不一定是客观真实的表征。与之一脉相承,自我建构的本质观点就是人们心中的自我并不一定是客观的自我,而是个人主观建构出来的形象。所以,当人们在试图搞清楚"我是谁"时,就是在建构自我,人们要建构出一个最被自己认可的自我形象,形成和谐统一的自我。可见,自我是一个在职业生涯发展中很重要的概念,它被诸多职业生涯理论所重视。

自我在个人发现自己的使命追求上同样重要。在使命与职业成功模型中(Hall,Chandler,2005),就着重阐述到,个人要获得职业使命感,需要得益于两个关键的元能力(meta-competency):其一是清晰的自我意识;其二是敢于做出改变的适应力。具备清晰的自我意识意味着个人更清楚明了自己的价值观、人生目标、能力倾向或天赋等重要的内在特征,人只有在明白了这些之后,才能更清楚具有使命感的职业是什么。从发展心理学角度来看,青少年时期的自我同一性探索本质上涉及的就是自我意识发展的问题。人们期望看到的结果是在成年期之前就探索完成,并获得清晰的自我概念,这是最好的一种状态,称为自我同一性完成。然而,也有很多人达不到自我同一性完成的状态,通常表现为自我探索不够,甚至没有进行自我探索,这些都不是自我同一性的良好发展状态。自我探索的过程受到诸多因素的影响,包括个人的生活经历、承担的角色、所处的社会关系等。比如,通常来说,自我意识的探索开始于个人的青少年时期,在这个时期,父母如果鼓励孩子进行自我探索,那么这个孩子更可能有勇气进行自我探索,而如果父母对孩子管控严格,总是想让孩子按照父母的意愿行事,那么孩子很难有机会进行自我探索,这会影响孩子的自我同一性,导致他很难在成年前完成自我同一性。

自我意识的探索涉及到三个核心成分。首先,个人要认识到自己的

使命：职业心理学的解读

能力，包括天赋、能力倾向等，要对自己的真实能力有清楚的认知，高估或低估自己的能力都可能有潜在的负面影响；其次，个人也要认识到自己的一些特性，包括自己的性格、人格特质以及其他的自我属性特征；第三，个人还要认识到自己的核心信念，包括人生价值观、内在信念等（Harter，1999）。这三个方面构成了个人自我意识系统中非常核心的三大成分，而且它们并不是割裂开的成分，在自我探索完成后，个人会综合这些成分，形成一个和谐统一的自我，进而更清楚对自己真正重要的东西是什么。这里要强调的一点是，最后获知的自我必须是真正重要的自我，而不是个人一般认知到的自我成分，它需要核心解读的是界定自己最重要的那些构面，否则无法了解真实的自我。比如，某个人非常清楚自己有艺术天赋，他知道这种天赋是界定自己时非常核心的特征，那么这个人就在认知真正重要的自我。另外，这个真实的自我应该是基于实际，而不是幻想出来的或者难以达到的理想自我。有时，诸如父母、亲密的家庭成员和老师等重要的人物，是帮助个人确认真实自我的重要来源。这些人在与个人接触的过程中，会对个人的真实自我有所了解，从一个旁观者的角度为个人的自我认知提供有益的信息，个人通过与这些人的日常交流不断地收获这些信息，从而帮助自己完成对真实自我的认知。

通过很多典型人物的事例就能发现，对真实自我的认知是他们找到自己使命追求的重要基础。举一个很典型的例子，2020年因被暴力伤医而备受社会关注的北京朝阳医院眼科医生陶勇，既使被伤害，他依旧视从医为自己的使命。陶勇医生在谈起他选择学医时说过，他当年选择学医是很坚决和果断的，他对职业的选择非常明确，家人希望他报考相对轻松的邮电专业，但他依旧坚定地选择了医学，这可以显示出他对自我的认识已经非常清晰，自我同一性完成得较好。他之所以如此明确自己的选择，源于他的真实经历，陶勇医生的母亲曾是一位多年的沙眼患者，母亲也常跟他说起他奶奶就是因为沙眼而导致失明。因为母亲怕他也会得沙眼，所以经常给他点各种眼药水。母亲说自己的眼睛整天都很磨痛，后来他

第三章 找到自己的职业使命

陪妈妈去大医院治疗,医生用很细小的针在母亲的眼睛里排出20多颗白色的结石,从那以后母亲的眼睛就治好了。从那时起,他在心中立志要当一个优秀的医生,帮助别人解决痛苦。他在少年时期的游戏中就假装自己是一个药王医师,配出百毒不侵的药物。他在之后的成长中,对自己的能力、价值观等的清晰获知更加巩固了他想成为一名医生的使命感。从这个例子可以看出,个人青少年期的经历影响了其自我意识和后续的职业使命感获得。

北京协和医院妇产科医生谭先杰,与陶勇医生的经历类似,他从小就与母亲更亲近,12岁那年,他的母亲因妇科肿瘤去世,而在学校寄宿的他,直到放寒假回家才被告知母亲已经去世的消息,巨大的悲痛让这个从小就粘着母亲的男孩立志要当医生,去帮助像母亲一样的人,谭医生的自我中总是有母亲的影子。可见,谭医生也早早就清楚了自己的核心信念和价值观。他在之后的学业发展道路上,一直清楚真实的自我,对自己的职业使命感十分清晰,高中毕业考入华西医科大学,大学毕业后进入北京协和医院,坚定选择进入妇产科,之后主力钻研妇科肿瘤,也就是他母亲当年所患的病类。谭医生一直从事妇科相关疾病的治疗和科普工作。谭医生的自我同一性形成过程中,母亲起到了巨大的作用,挖掘出他对自我最本真的解读,驱动他获得对医生这一职业的使命感。

真实的自我意识不仅关注个人的当下,它还包括指向未来的憧憬,这是从时间层面上分解的自我,个人在探索自我的时候,总会考虑到自己在未来的可能性,对未来的自己有所想象和认知。活在当下固然重要,但要想获得目标感和意义感的体验,个人就需要思考未来,这是因为指向未来的自我认知为当下的个人提供了目标和方向,以此使个人获得人生意义感的体验。人们常遇到的一种无意义体验就是所谓的"看不到未来",无法清楚地想象出未来自己的形象,这很容易导致个人出现空虚和虚无的感觉。对未来真实自我的清晰认知也是找到使命追求的重要一环,研究发现,这种清晰认知对职业使命感的获得具有促进作用。我们在中国大

使命：职业心理学的解读

学生人群开展了一项为期1年的三次追踪研究。该研究发现，对未来工作中自我形象越清晰的大学生，越能感到自己的人生更有意义、更有目标，因此，他们所感知到的职业使命感也更高（Zhang et al.，2017）。基于此，个人需要根据自己过去的经历和现在的体验，来想象未来的自己，这对于仍处于自我同一性探索的青少年们非常重要，他们的真实自我探索不能缺少对未来的思考。从陶勇医生和谭先杰医生的例子中，都可以看到他们对未来自我的感知非常清楚，在青少年时期，他们就对未来成为医生的景象有明确的认知。这样的未来景象构成了他们自我同一性的重要方面，助推他们找到职业使命感。

二、内省

如果要在获知真实自我的基础上，推进这个自我的意义，内省（introspection）是一个非常重要的步骤，这时的个人开始思考真实的自我对自己生命的存在或者未来的人生之路意味着什么，进而意识到自己做什么职业才能承载起自己的人生。内省指的是个人自我观察的心理活动，个人要回望人生路，来反省自己和自己的人生。这种深思和反省对个人的自我发展十分有益，但却不容易做到。在找到职业使命的道路上，个人需要以内省来倾听自己内心的声音。内省是一个心灵之旅，是对真实自我的进一步深化，是对自己的深入思考。使命与职业成功模型也曾强调，内省和反思自我是个人找到使命追求的重要方式（Hall，Chandler，2005）。这从使命的宗教渊源上就可见一斑，传统宗教的观点认为，个人要获知自己的使命追求需要经过深思熟虑，听从自我的声音和上帝的声音，这样才能够获得觉醒、安宁和专注，从而意识到，并且忠诚于上帝赋予的使命。当然，抛开宗教性的外壳，这里讲的核心就是人要专注于自身，通过自我洞察来发现自己的使命追求（Elangovan et al.，2010；Weiss et al.，2004）。要做到足够的内省，就要求个人对自己进行深入地观察和思考，在明白真实自我的基础上，进一步确定自己未来的道路。例如，诺贝尔文学奖获得

第三章 找到自己的职业使命

者莫言先生,在年轻时就明白一点:要离开农村。他说过自己在小学五年级辍学后,一个人在广袤的田野上放牛和放羊的经历让他刻骨铭心。当时,周围是一眼望不到边的青纱帐,一整天都看不到一个人,当那个空间里只有他、牛羊、田野和草地时,他感到孤独和恐惧,还产生各种各样的联想和思考。同时,他又在与他人的交谈中联想到了文学和作家。这些都是典型的内省活动,青少年时期莫言的内省是对自己心灵的思考,他敏锐地对自我思考进行了延伸,这让莫言早早就有了对未来人生的考虑,使他产生了离开土地的想法,想出去上学,想出去当兵。所以,他从18岁开始每年都去参加征兵体检,21岁时终于离开农村,去了部队。众所周知,莫言的写作生涯正是起源于在部队时期的业余文学创作。从莫言的经历中,可以看出通过深入的内省和自我思考,使个人深刻地明白自己想要什么,从而更有机会找到自己的使命追求。

再如,我在前文提到过,敦煌研究院的樊锦诗院长,她说过自己早期对敦煌没有那么强烈的使命感。她是一个生在北京、长在上海的城市女孩,在敦煌,她一方面面对着敦煌恶劣的环境,另一方面又在生活上与丈夫和孩子两地分居,她也曾动摇过。她说,做出坚守敦煌的决定是一个漫长的过程,她每日在敦煌艺术中浸染着自己,处在恢宏而静逸的敦煌莫高窟中,她的内心越来越惊叹于这艺术的辉煌和博大,而且她的脑海中总徘徊着一个念头:"我在敦煌没做什么,难道就这么走了?"敦煌的艺术环境给了她内省的空间,让她可以更深入地思考自己和自己对敦煌的感情。随着时间的推移,这种内省不断深入,她产生了一种命中注定的感觉,逐渐明确了自己对敦煌的使命感。在莫言和樊锦诗的人生发展之路上,都能明显看到他们经历了深入地内省,这对他们找到自己的使命追求起到了重要的作用。

除此之外,个人深入的内省也不仅限于自己独自的感知,还需要外界信息的参与,这些信息有助于避免个人的内省陷入空想。使命不能完全靠一个人空想出来,因此,深入的内省还需要与他人的交流和讨论,比如

使命：职业心理学的解读

亲密的朋友、朝夕相处的家人(Hall,Chandler,2005)，个人可以在交流和讨论中迸发出觉醒的火花。例如，莫言最初对文学的朴素向往就来自于与邻居的交谈，该邻居上过大学，给他讲述过有一个作家一天三顿都吃饺子，这让成长在贫穷和饥饿中的莫言羡慕不已，他有了最初因向往食物而对成为作家的憧憬。虽然这时还不能称他对写作有使命感，但它为莫言产生对写作的使命感铺垫了基础。正如一位学者所讲，每个人的使命追求是不同的，而且人在使命追求的领域必须要有能力，它不容易被发现和找到(Novak,1996)。其实，一个人内省的过程也并不容易，甚至是一个漫长的过程，但人又必须做到足够的内省，才能对自我以及自我基础上的使命追求有更清晰的认知。现代人所处的环境给人们提供了充足的刺激物，这导致人们内省的空间和条件受到挤压，生活中很多人感慨于忙碌的生活让自己没有时间来真正地关注自己，甚至忘了自己是一个怎样的人，这体现出一种缺失了内省的表现。因此，如今的人们更需要自己努力找到那种属于"我"的时间，在这个时间里，只有孤独却自由的自己，人在独自的空间里会产生很多对自己的内省思考，回想起很多发生在自己身上的事情，进而在内心里解读这些事情与自己的意义，获得对自己和对这个世界的认知。因此，现代的人特别需要内省，因为它不仅是找到使命追求的基础，而且它会为人们的全方面心理发展助力。

三、看齐榜样

谈起榜样，相信很多人不会感到陌生，很多人都曾有过自己的榜样，每个人的榜样可能千差万别，但是榜样身上的某些特征投射出个人的一些信念和价值观。一般来说，榜样是那些个人感到与其特征有一定相似性，并想努力向其看齐的一类人(Gibson,2004)。相似性指的是个人发现榜样与自己的价值观或目标等是一致的，因为这种一致性，个人才在认知和情感上产生了高度认同。而且个人想向榜样看齐，觉得榜样是一个可以达到的目标(Gibson,2003)。在个人的职业生涯发展上，榜样通常会起

第三章　找到自己的职业使命

到积极的导向作用。职业使命感者的榜样也同样符合以上的榜样定义，但他们的榜样涉及几个方面的突出特征：比如，那种勇敢地追求自己所爱，且在所在领域中表现优异的人，即那种有着现代主义使命感的人；或是那些怀着奉献精神在艰苦的环境中奋斗的人，即那些有着新古典主义使命感的人，这一类型也是在媒体上被广为宣传的一类，因为他们身上的价值取向也是我们国家所倡导的。

榜样对职业使命感的促进作用体现在两个方面：首先，榜样提供给个人明显的人物事迹，让个人知道那些典型的实现使命追求的人是什么样的。栩栩如生的榜样事迹启示人们，一个人去追求使命式职业是切实可行的。其次，榜样对个人来讲是一个目标，个人高度认同这个目标，虽然自己与榜样之间仍有一定差距，但这种差距会激发出个人的目标感，因此，榜样有助于建立起"现实自我"与"可能自我"之间的连接。从这个意义上来看，寻找榜样是个人对自我的一种洞察，它使个人产生向这个可能的自我而努力进取的强烈意愿，从而激发出积极主动的职业发展行为。在美国人群开展的一项访谈研究中发现，在17位参与访谈的内科医生中，有15位表示他们对医生职业的使命感受到了榜样的影响。这些榜样中的大多数来自个人的家庭成员，比如从事医护行业的父母或亲友，还包括自己知道的或认识的从事医护行业的他人。他们高度认同自己的榜样，从榜样身上看到从事这项职业的价值和意义，甚至视榜样为英雄，因此，榜样激发出他们对医护行业的使命追求（Bott et al.，2017）。在我国抗击新冠疫情的过程中，以钟南山、张定宇等为代表的一批医护人员视死如归，在不同的专业领域为抗击疫情做着自己的贡献，他们的事迹激发了大批后辈年轻人视他们为榜样。这样的事例早在抗击非典疫情后就有所体现，有高考学子报考医学专业时就明确表示，他们视钟南山为榜样，也要朝着钟南山所主攻的呼吸科方向发展，希望能像他一样为国家和人民有所贡献。再如，前文提到过湖南女孩钟芳蓉报考北大考古系，她在自己的洞察之旅上就是发掘了自己的榜样，这个榜样就是同为北大考古专业

使命：职业心理学的解读

毕业，并将一生奉献给敦煌考古事业的樊锦诗院长。她对考古事业的使命和坚持启发并激励了钟芳蓉对考古事业的使命追求。樊锦诗就是钟芳蓉的榜样，是她的精神导师，有了与樊锦诗的共鸣，加深了钟芳蓉对自己的认识，进而激发了她对考古事业的使命感。樊锦诗当年能坚持着对敦煌的使命感，也有榜样力量的作用，敦煌有老一辈的常书鸿和段文杰等先驱人物（图3-1展示了在艰苦条件下工作的常书鸿院长），他们同样怀着极高的使命感在敦煌坚守几十年，樊锦诗视他们为敦煌的保护神，他们的精神也深深地感染着她，帮助她坚定着自己的使命感。综合以上的研究证据和现实事例，个人对职业使命追求的洞察受到榜样力量的驱动，那些榜样人物是帮助个人深入洞察自我和获得自己使命感的重要资源。

图3-1　敦煌的守护者——常书鸿院长

四、得到有益的引导

通常，那些熟知自己的他人，会为个人洞察到自己的使命追求有所帮助，因为他们会为个人提供专业的建议、睿智的意见和积极的支持。这些他人是指那些熟知个人的能力、特性和核心信念的人。在这里，"熟知"是一个重要的条件。真正熟知自己的他人可能为个人启发出一些适配于

第三章 找到自己的职业使命

自己的择业选择。比如,他们可能看出个人身上的某种天赋、为个人提供关键的职业相关信息等。有研究发现,重要他人的支持和引导是个人找到自己使命感的重要辅助因素(French, Domene, 2010)。甚至对某些人来说,重要他人起到的是关键性的作用,因为他们自己可能都没有意识到自己的天赋、能力或可能的职业选择,但这些重要他人清楚地了解他们,从而引导着他们发现真正的自我和自己真正感到有使命的职业。良师益友不是虚言,良师益友的引导,对个人来说是一笔宝贵的财富。

在很多典型事例中可以看到重要他人对找到职业使命追求的作用。比如,2021年东京奥运会游泳冠军张雨霏,出生在一个游泳世家。虽然她从六岁就开始学习游泳,但起初并未打算走职业游泳之路,甚至母亲一度要停了她的游泳,想让她专注于学业。但张雨霏的教练早已看出她身上的游泳天赋,教练发现她在游泳上有速度且身体机能恢复快,是一个游泳的好苗子。这时,教练向张雨霏的母亲建议,既然张雨霏已经学游泳这么久了,为什么不让她参加一次比赛?这个建议直接改变了张雨霏的人生道路,她在11岁时,第一次参赛就拿了两个冠军,隔年在江苏省运会上夺得两金三银一铜的成绩。这才让她的母亲看到了张雨霏身上的游泳天赋,最终,张雨霏走上了专业的游泳之路。可以说,张雨霏的使命之路是在熟知她的别人看到她天赋的情况下,被推动出来的。如果没有教练的慧眼识珠,她可能错失对游泳的使命追求。再如,演员章子怡对表演的热爱,也是一个洞察的过程,过程中离不开一些良师的有益建议和引导。她的少年时期是在学习舞蹈中度过,训练异常艰苦,最重要的是在这个学习过程中,她逐渐意识到自己没有跳舞的天赋。虽然在学习舞蹈期间,她还拿到过中国规格最高的舞蹈比赛奖项,但她坚定地认为自己没有舞蹈天赋,做不了最优秀的舞者,努力也只能做到中等,并且自己也不喜欢跳舞。这反映出她对真实自我的认知过程,使她清楚了解自己的能力和信念。在认知清楚这些后,她决定转行。这时她得到第一个有益的建议,她的一个朋友是中央戏剧学院的老师,这个朋友建议她去试试学习表演。她对这个建议欣喜若狂,因为她认为这是一条可以远离舞蹈的路,因为这个建议,她尝试并且成功考上中央戏剧学院,并努力坚持了下来。之后的她很幸运遇到多位重要的导师级人物,给她的表演之路提供了意义重大的引导:她还没从中戏毕业,就被张艺谋导演看中,紧接着被李安导演看中,后又被王家卫导演看中,这些享誉国际的大导演都看到了她身上的表演天赋,李安导演甚至形容她的脸拍电影是"老天爷赏饭吃",这让本觉得自己没有表演天赋的她逐渐找到自信,逐渐洞察到自己对表演的热爱、尊重和使命感。可见,章子怡在洞察到自己对表演的职业使命感的过程中,重要他人的引导起到了十分重要的作用。但需要注意的是,有益的引导不是个人找到使命追求的必需条件,洞察到自己职业使命感的最重要条件仍是认识到真实的自我,而有益的引导会在认知自我的过程中起到很大的促进作用。

第二讲　探索

　　所谓的探索之路,在于个人感到正在从事的工作似乎缺少了些对自己更重要的东西,为了找到这种缺失的重要东西,个人主动地去更换新的工作,尝试在新工作中体验到以往工作所缺失的东西。因此,个人找寻职业使命追求的道路在以一种探索的方式进行,直到最终在某份工作中发现让自己感到重要和有意义的东西,即为找到让自己有使命感的工作。通过探索之旅而找到使命感的人,并没有在自己的早年阶段就意识到让自己感到有使命感的工作是什么,他们的使命追求不是靠着自我洞察而得到,而是靠着不断地探寻而最终得到。所以,它不同于洞察之旅,探索的过程类似于试误,个人去尝试多种可能的职业道路,走错了就再更换另一条道路,直到发现真正适合自己的职业。这个探索之旅并不容易,因为很多人在职业上追求稳定,一旦从事上某一职业,很难有勇气去主动更换,很多人也害怕做出改变,因为他们害怕自己做出的改变是错误的,担

第三章 找到自己的职业使命

心新的选择还不如原来的选择。即便个人会去尝试,但持续的探索很容易让人感到疲惫和沮丧,如果多次探索之后,仍不能得到让自己感到有使命感的选择,更会对个人造成极大的打击。因此,探索之旅的一个先决条件是要有驱动个人必须去做出改变和探寻的勇气,如果缺少这个勇气,个人会觉得自己没有足够的动力去做出改变。这就会涉及探寻之旅的第一个标志性体验:因为在现有工作中缺失了某种让自己感到重要的东西,而去探索更多职业的可能性。之后,个人会在偶然遇到的事情里发现意义,得到社会支持,并最终找到让自己感到有使命感的职业。探索之旅的终点是寻找到令自己热爱或感到有意义的工作,在这份工作中体验到其他工作无法带来的意义,填补在其他工作上无法获得的重要的东西。这份热爱符合个人的信念和价值观,让他们感到职业对自己和社会的意义与价值,在这份职业中获得认同感。在一项研究中,研究者呈现了一个典型的案例(Bloom et al.,2020),描述如下:

　　一个从事国际救援工作的人的探索之旅:他大学时学习的是工程专业,并在毕业后从事研究与发展工程师这一工作长达20年之久,他擅长这项工作,但他对工作的感觉很一般,这并不是他真正想要的工作。所以,他后来转而从事产品工程的工作,并在从事这一工作几年后,再转去从事维修工程的工作。他喜欢那种需要不断创新和改进的工作,但是他的这几份工作都不具备这个特点。他后来再次转换工作,从事一份海外咨询的工作,他很喜欢这种工作带来的国际旅行体验,但这份工作仍然没有让他完全满意。在从事这份工作期间,他偶然和家人一起参加了一些针对海外的志愿工作。他终于在志愿工作中获得了意义感,开始利用假期时间做一些海外的志愿工作,由此接触到国际援助组织,并决定到该组织中去工作,一做就是十多年的时间。他运用自己的工程专业技能,帮助更多人获得食物、教育和安全住所。他在这个工作中体验到了真正的乐趣,他总结自己的探索之旅为:不受困于某一份职业,去改变、适应、学到新的东西,从自己所做的事中找到意义。

使命：职业心理学的解读

一、体验到自己的工作缺少重要的东西

职业使命感在很大程度上承载着个人对人生意义的追求。我发现很多人对人生意义这个词会有所疑问，不明白什么是人生意义，觉得是虚无缥缈的东西，因为他们认为意义应该是具体的东西，但其实，人生意义因人而异，很难具体。每个人构成其人生意义的东西各不相同，有一个很多人都可能听过的段子，问：你抽烟吗？不抽。那你喝酒吗？不喝。那你活着还有什么意思？这段话的核心思想就是，一个人活着总要图点什么，但又狭隘地嘲讽别人不抽烟不喝酒的人生就是没有意义的人生。人生意义的核心在于，有某些东西使个人感到人生是有意义的，感到自己和自己的生活是重要的。工作就是人生意义的一个典型且重要的载体，因为人的一生中有三分之一的时间在工作中度过，它是人们无法逃避的东西。如果工作不能让人感到有意义，那么，他们的人生意义也会受到影响，会有会有某种缺失或不对的感觉。这种缺失感并不一定意味着人们不喜欢自己的工作，他们可能仍然在一般层面上满意于自己的工作，但自己真正想要的东西并没有在这份工作中被体现到。

人们之所以要去找到自己的使命追求，就是人们渴望获得意义感，人们迫切需要找到属于自己存在的意义。没有目标就很难有意义，通俗地讲，浑浑噩噩且百无聊赖的生活总让人感到没有动力，迷茫而找不到方向，这就是典型的体会不到意义的表现。很多人不希望自己是这样的状态，就会去思考，去追寻和探索自己的人生应该做什么，这是激发人们开启探索使命之旅的推动力。由于有这种需要，人们不仅有了主动寻求改变的动力，而且也会对思考和获得自身意义的机会很敏感，所以，人们更有可能在一些契机下，明确让自己感到有意义的使命追求是什么。例如，2020年新冠疫情的爆发，不仅让人们看到医护工作者的视死如归和勇于冲在前线的精神，也让绝大多数人体会到了威胁生命的考验，让人们得以深入思考自己的人生，从而顿悟到自己应该从事

第三章 找到自己的职业使命

什么职业来获得更有意义的人生。一个典型的数据是新冠疫情发生后的 2020 年,这一年报考医学专业的人数大大增加,仅清华医学院、协和医学院的报考人数就比 2019 年增加了近 30%。这在一定程度上得益于学生们在疫情下对生命和意义的思考,让他们意识到成为医生是自己的使命追求。类似的例子也出现在美国 2001 年发生"911"事件后,纽约申请做消防员的人数激增,因为该事件对他们造成的冲击使他们对自己的人生意义有了新的思考,从而发现成为消防员的使命追求(Wrzesniewski,2002)。当然,不管是人们被动遇到的际遇,还是主动寻得的契机,它们都可能千差万别,但只要有对意义的思考、追求和探索,人们就更可能抓住契机来让自己获得目标和方向。

从一些典型人物的使命历程中不难发现,意义的缺失感驱动了他们的探索之路。比如,著名的苹果创始人史蒂夫·乔布斯,他年轻时申请的大学是美国的里德学院(Reed College),众所周知,乔布斯上了大学后不久就选择了退学,选择退学的原因主要在两个方面:一方面是因为这所大学的学费昂贵,乔布斯养父母的经济状况并不优越,为了供他上学,几乎花光了他们的积蓄,这让年轻的乔布斯于心不忍;另一方面,也是更重要的原因,是他看不到在那里继续学业的价值和意义。所以,他选择改变,做出了退学的决定。乔布斯年轻时就有着对生命和人生的深层疑问,他在退学之后曾去印度寻找精神启蒙,并开始学习佛教禅法,他毕生都保持着这种禅修的练习。乔布斯早在高中时就已经培养了两大兴趣点:电子和文学,凭借着对电子的喜爱,他之后找到了一份技术员的工作。再之后,他因同样有电子爱好而结识了朋友斯蒂芬·沃兹尼亚克。沃兹尼亚克设计出第一版苹果电脑,并把它展示给了乔布斯,两人决定把它作为产品卖掉,于是他们才共同创立了全球知名的苹果公司。乔布斯说过:"我很幸运可以进入计算机领域,当时它还是个新兴领域,没有多少专业的计算机人才,都是数学、物理或音乐等专业的人在做,他们热爱这个领域,没有人在那时是出于钱的目的而做

使命：职业心理学的解读

它。"可见，驱动乔布斯在大学时做出改变的因素是他看不到意义，当时的学业无法帮助他解决这个问题，他在退学之后的探索中很快找到了自己的意义和使命追求。

再如，中国著名作家余华，他写出过一部流传极广的作品《活着》，但在他成为职业作家之前，第一份工作是牙科医生，他十分讨厌这个工作，认为世界上最没有风景的地方就在人的嘴巴里。他说自己所在的牙科医院正好处于小镇的中心，当没病人时，他会站在窗边看外面的桥和路，他当时有种很惆怅的感觉，心中产生了一个疑问："难道我的一生就这样度过了吗？"这种感觉不到人生意义的体验，驱使他想改变，一定要摆脱牙科医生这个工作。他发现在文化馆工作的人整天在大街上走来走去，余华问他们为什么不上班，他们回答说在大街上走来走去就是上班。余华很喜欢这种悠然自得的工作，于是决定写作，希望能被调到文化馆工作，这才让他走上写作之路，并且渐渐意识到自己对写作的纯粹热爱。可见，余华也是以探索的方式，才发现了写作这一后来令自己十分热爱的职业，驱动他改变的原因是他感到牙医工作缺少让自己体验到意义的东西。

对意义的思考贯穿于一个人产生自我意识之后的生命全程，年轻人有年轻人的思考，中年人有中年人的思考，老年人也有老年人的思考，有些人早早就探索到让自己感到有使命感的职业是什么，而有些人到了中年时才意识到自己真正的使命追求是什么。哥伦比亚大学的生物学家斯图尔特·法尔斯坦童年时对科学很感兴趣，想成为天文学家。到了青少年时期，却开始对艺术感兴趣，职业开始于剧院的工作，他在此行业工作了 15 年的时间，但与此同时，他利用剧院工作以外的时间去大学学习，这时他都已经 30 岁了，在拿到生物学学士学位之后，他选择离开剧院，攻读博士学位，到接近 40 岁时才拿到博士学位，进入到科学研究领域工作，并将此作为自己的毕生事业（Dance, 2017）。有很多人可能在从事一份职业多年之后才意识到它不是自己想投身一辈子的事业，特别是在已经取得了一定的成功，获得了物质上的满足和安全感后，他们意识到在工作上缺失了一些重要的东西。因此,不管处在哪个年龄阶段,都有对人生意义的思考,进而重新界定自己的人生规划和职业发展,探索并寻找到让自己感到有意义、有目标的职业。

二、在遇到的偶然事件中发现意义

在探索之旅的过程中,个人在缺失意义体验后,可能会遇到一些偶然的事件,这些偶然事件以一种出乎预料的方式,为个人提供了找到意义的契机,从而助推个人意识到自己的使命追求。这导致很多人在回望自己探索使命的道路后,发现自己获得对某一职业的使命感是在经历偶然事件后的某种注定。如果当时没有遇到某件事或某个人,自己可能会错过自己的使命式职业,这似乎像是命运使然。正如我在前文讲过的,在"使命"的概念理解中,会有一种"命中注定如此"的成分,将使命视为自己命中注定要去做的事,中外文化皆有这样的界定。西方的早期宗教背景影响了西方人对命中注定的解读,他们中的一些人认为自己的命运掌握在上帝手中,上帝爱他的信徒,所以,上帝会他们有安排。中国自古对命运的解读都是它来自至高无上的天,天命如此,天命难违,人一生的命运早已被上天安排。因此,对中西文化下的人来说,当遇到的偶然事件改变了自己的人生轨迹后,他们无法找到合理的解释,只能把它归因于命运。但是,命运和注定是人不可控的东西,所以,对个人来说,它有时是积极的,有时又是消极的。相对来说,与找到使命感有关的命中注定是比较积极的一类,因为人们确实被偶然事件影响而在某一职业上发现了以往缺失的意义感,这让人感到自己受到命运的眷顾,才让自己得以发现所热爱的职业。终究到底,个人是用命运注定来归因偶然事件的影响,把自己怀着使命感从事某种职业看作是偶然下的注定命数,或是阴错阳差下注定的巧合。很多典型的怀有职业使命感的人都曾意识到某种偶然在其人生中的作用。例如,前文介绍过著名华人导演李安对电影的使命之路,他早年的第一份使命感是在学业领域,这是因为家庭环境充斥着对知识和高等

使命：职业心理学的解读

文化的看重。要不是因为大学联考失败，他应该早就走上了传道授业解惑的教师或学者之路，这是父亲强烈期望下的使命追求。偶然的学业失败改变了他的人生道路，大学联考的失败导致他只能进入艺术大学修戏剧和电影。但是他接触到戏剧之后，就深深地爱上了戏剧，这种爱是学术专业所不能比的，回望早年之路，李安忘不了那时巨大的学业压力，忘不了父亲对自己的期望，他那时感到毫无乐趣可言。是电影和戏剧给了李安真正对自己重要的意义，他自己也觉得走上电影之路是一种注定。他的半生都在对抗父权家族下的使命和自我意识下的使命，前者是外在驱动，后者则是内在驱动，他在偶然的人生际遇后才发现了自己的使命追求。所以，李安说过："有人说'人定胜天'，也有人说'命中注定'，两者我都有所感应。""我这个人，命就是这样，就是应该拍电影。"

再如，我提到多次的云南华坪女子中学校长张桂梅老师，虽然起初是响应国家的号召而走上教师岗位，但真正让她对这份职业的使命感逐渐升华的助推因素，则是一件件偶然的事件。张桂梅老师也曾说自己在华坪的人生似乎是一种命中注定。她所经历的一个重要的偶然事件是丈夫的去世，异常悲痛的她无法生活在令人睹物思人的大理，因此申请调到了华坪工作。华坪的贫困导致很多孩子无法上学，张桂梅看到这样的情况，更加激发出她的教学热情，在华坪的工作让她升华了自己的意义。另外一件重要的偶然事件则是张桂梅患病，重病下的她坚持工作，华坪的领导和同事给了她巨大的关怀，同事们陪她去医院，县里组织给她捐款，甚至县长说"再穷我们都会救活你"。生病让张桂梅感受到了华坪给予她的极大温暖和爱护，她曾说"我的初心就是报恩，要回报这片热土"，这个经历又进一步升华了她对自身意义的解读，使她的生命目标又一次得到提升。第三个重要的偶然事件就是在教学过程中，她逐渐发现贫困家庭的女孩早早就辍学了，这激起了她想办一所女子中学的想法，并且为了实现这一目标而四处奔走，终于建成华坪女子高级中学，她在此忘我工作至今，她最终在乡村女孩的教育事业上把自己的人生意义再次升华。可见，

第三章 找到自己的职业使命

张桂梅老师对乡村女孩教育事业的使命感是在一个个偶然事件的助推下完成的,这些偶然事件都不是多么愉悦的体验,甚至可以说都是痛苦的体验,但正是在每一次事件后,她重新理解了自己的人生意义,也让她的使命感逐渐得到升华。

还有一个现实生活中的例子,2020年在《柳叶刀》刊文《给父亲的一封信》的中国医科大学附属第一医院麻醉科医生谭文斐,他在文章中讲述了父亲与自己两代麻醉科医生的故事,父亲曾因为医闹而压力大到两鬓斑白,这让当时还是高中生的谭文斐下定决心坚决不报医学院。谭文斐本来怀揣着成为一名导演的梦想,但父亲强烈要求他报考医学院,最终他妥协考入医学院,却一直反感学医。直到父亲的意外去世改变了他的看法,父亲弥留之际告诉他希望他能做麻醉医生,为了实现父亲的遗愿,谭文斐最终成为一名麻醉医生,并在这一职业上逐渐体会到它的意义和价值,他说似乎谁都无法抗拒命运的安排。在文章刊登后,谭文斐的15岁儿子读到父辈的故事也深受影响,也立志想做一名医生。家族的使命传承因为一个个看似偶然的事件,串联出一种必然的命运安排。

偶然事件的影响通常会被人们所忽略,但它却对个人的职业生涯发展具有重要的影响。它的存在不仅仅是简单地改变人们一时的选择,它发挥作用的关键点在于人们是否能够在这些偶然事件中获得新的意义感知。在一项研究中发现,有近70%的人承认他们的职业决策受到了偶然事件的影响(Bright et al., 2005)。这些事件包括:偶然获得某种私人或工作关系、个人遇到健康问题、家庭居住地的搬迁、之前的职业计划遇到障碍、意外接触到自己感兴趣的职业等。这些偶然事件都是个人没有预料到的,它们影响到了个人的职业生涯发展路径,并给个人创造了发现自己职业使命感的机会,并且使他们体会到一种宿命感。

当然,偶然事件往往是个人无法掌控的东西,个人不能寄希望于靠偶然事件来获得职业使命感,但重要的是需要在遇到偶然事件时,能够从中发掘到新的意义,使自己意识到以往缺失的重要东西终于有机会得到。

使命：职业心理学的解读

如果个人不能发掘这些意义,那么偶然事件不但不会促进个人找到让自己感到有使命感的工作,反而会对个人的职业生涯发展产生消极的影响。确实如此,有研究发现,33%的人报告了消极的偶然事件影响了职业决策(Bright et al.,2005)。因此,偶然事件具有不确定性的特点,人们需要在偶然事件后,努力思考和体会它所带来的新的意义,从而让偶然事件促进职业生涯的发展,激发个人发掘出让自己热爱的职业和工作。这是职业使命感的探索之旅中不可缺少的步骤,人们在探索中主动发掘机会,或被动接受际遇,从而在这些机会或际遇中感悟到新的、重要的意义。

第三讲　人格

心理学家们对人格一直都很浓厚的兴趣,以往的研究者们提出了很多有价值的人格理论,并开发出了丰富的人格测验工具。人格通常涉及在思维、情感和行为等特征模式上表现出的个人差异,因此,"人格"是一个比较综合性的概念。人格有其独特性,因为每个人都可能表现出自己独有的特征模式,形成个人相对稳定的性格或个性特征。那么,怎样的人格特征会有助于职业使命感的获得和发展呢？或者说,具备什么样性格的人更有机会发掘到让自己感到有使命感的职业？回答这些问题的出发点在于,个人身上自带的某些性格特征可能就是助推其职业使命感的重要力量。

目前针对这个问题开展的研究还比较有限,但仍有部分证据可以做出一定的解答。第一个有助于职业使命感的典型人格特征为真实性人格(authenticity),所谓真实性人格,简单地说就是一个人按照真实自我而行事的倾向,这与前文在洞察之旅中强调的了解真实自我有相似之处,但是这里强调的是个人在自我真实性上表现出的人格倾向。比如,我们在生活中可能认识的一些人,他们非常了解自己,清晰地知道自己是一个怎样的人,并且总是能够随心行事,你会觉得这些人活得真实而不做作,甚至

第三章 找到自己的职业使命

活得有些自我,这就是典型的具有真实性人格的特征。根据人本主义理论,有三个典型特征来界定真实性人格(Wood et al.,2008),分别是:(1)自我疏离(self-alienation),代表真实性的一个反面特征,即个人感到不了解自己,或者感到脱离了真实的自己;(2)真实行事(authentic living),即个人能按照真实的自我去行事和生活,该特征强调的是个人的内在意识和外在行为之间的一致性;(3)接受外部影响(accepting external influence),代表的也是真实性的一个反面特征,即个人总是在认知或行为上受到他人的影响,或相信自己要去遵从他人的期望,该特征强调的是个人内摄了他人的观点。根据这个概念界定,三个部分是相关但不同的成分,整合地构成真实性,该界定强调在真实性中,内在认知、外在行为和社会环境之间的有机整合。(如图3-2所示)。

正如在前文洞察之旅中,强调了解真实自我的重要性,真实性人格也是洞察之旅的一个重要因素。具备真实性人格的人不仅更加了解真实的自己,并且能够按照真实的自我行事,不屈从外部的阻力而违背自己的内心,这样的人更能在洞察之旅上收获积极的结果,从而发掘到让自己感到有使命感的职业。我曾在中国大学生人群中开展了为期一年的三次追踪研究(Zhang et al.,2018),该研究发现,个人的真实性人格水平提升会预测职业使命感水平的提升,特别是其中的真实行事成分,即越能在生活中按照真实自我行事的人,越具有更高的职业使命感。这一研究从实证的角度验证了一点:鼓励人们按照真实的自我生活不是一个无用的口号。真实性人格是个人自我同一性发展的积极结果,它是帮助个人获得各种积极体验的重要因素,包括在帮助个人发掘到自己的使命式职业方面。遗憾的是,现实中很多人没有按照真实自我而行事的勇气,这就可能让他们错过令自己感到有使命感的职业。莎士比亚在著名的《哈姆雷特》中写到"愿你不分昼夜,忠于自己"(to thine own self be true),人要忠于真实的自己,这会为自己创造洞察职业使命追求的条件。

使命：职业心理学的解读

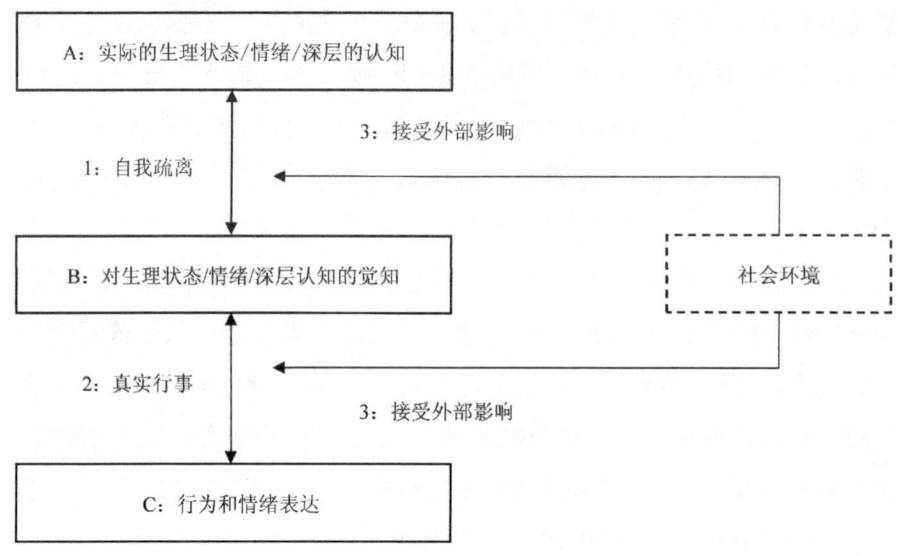

图3-2 以人为中心的真实性界定

资料来源："The authentic personality: A theoretical and empirical conceptualization and the development of the authenticity scale"。

第二个典型有助于职业使命感的人格为尽责性，但它不是有助于个人发掘到让自己有使命感的职业，而是有助于让怀有职业使命感的人维持自己的使命感，不产生动摇和下降。尽责性的人格特征体现为个人具有条理性，有责任感，追求成就，对能力自信，并高度自律（Johnson, 2014）。（如图3-3所示）诸多研究普遍发现，尽责性是一个有助于个人职业生涯发展的人格特征。高尽责性的人会进行更好的职业探索，努力并有计划地去达成自己的目标，因此，他们也会进行更好的职业生涯规划，并最终获得成功（Li et al., 2015; Rogers et al., 2008; Ng, Feldman, 2010）。由于尽责性对职业目标的促进，尽责性水平高的人在职业目标的制定上深思熟虑，并更有机会成功。因此，他们的职业使命感更有可能维持住，而不出现下降的趋势。一项在中国大学毕业生人群开展的研究证实这一论断，该研究对一批大学毕业生进行了横跨毕业前后的追踪调查，发现这些毕业生身上的尽责性有助于他们在毕业后保持住自己的高水平职业使命感(Zhang et al.,2021c)。这启发我们,尽责性是一个有助于维持职业使命感的人格特征。

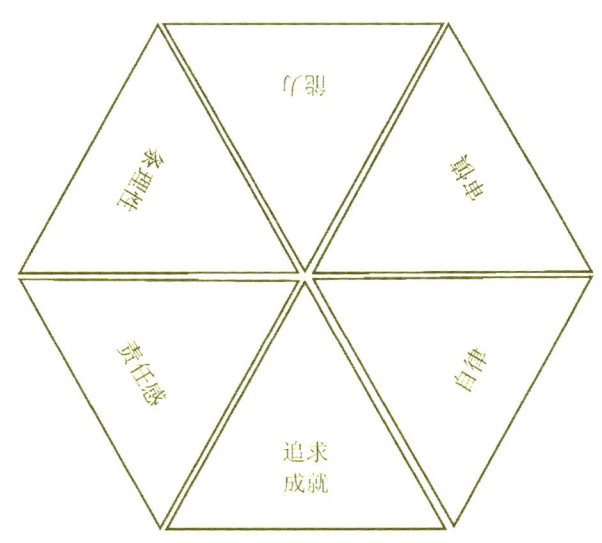

图 3-3 尽责性的界定

第三个有助于职业使命感的人格特质为品格优势(character strengths),准确地说,它不是一个单一的人格特质,而是一组人格特质,是从个人的认知、情感和行为中表现出来的一组积极特质,是具有美德性质的特质。心理学家最初提出了 24 种品格(Peterson,Seligman,2004),如好学、坚毅、自律、活力等,这些品格可以归为六大类。(如图 3-4 所示)这些品格优势被视为是个人获得幸福而成功的人生的内在决定因素。当然,个人很难在所有品格上都有优势表现,大概圣人也无法做到。通常个人只是具备几个积极的品格,这需要知道个人在这 24 种品格优势中排序靠前且频繁运用的有几个。这几个就构成了个人最突出的几个积极品格,称为显著优势(signature strengths),显著优势越多且运用越频繁,起到的积极作用也越大。在一项以瑞士人群为被试的研究中发现,个人运用自身的显著优势越多,他们的职业使命感水平也越高(Harzer,Ruch,2012)。他们后续又开展了一项干预研究(Harzer,Ruch,2016),干预组的

使命：职业心理学的解读

人被要求在日常的工作中多运用自己的 4 个显著优势，思考自己如何在日常的工作中以不同的方式来运用这 4 个显著优势；而控制组的人则被要求反思自己在擅长的 4 个领域里遇到的真实场景，写下这些场景中发生的事，被要求每晚阅读这些事，然后反思自己在这些事中展现出的个人优势，控制组并不强调显著优势，也不要求使用显著优势。干预组和控制组都持续进行了四周的任务，结果发现，四周完成后，干预组的职业使命感得到显著提升，并且在完成干预 6 个月后依旧没有下降；而控制组的职业使命感则基本没有变化。这两项研究显示，在日常的工作中越能运用个人显著优势的人，越有更高水平的职业使命感。个人的积极品格优势对职业使命感有积极的促进作用。正如著名心理学家马丁·塞利格曼曾写到的一段话："如果你能在工作中经常运用自己的显著优势，并且你也能将自己的工作视为是在贡献于更大的公共福祉，那么你会对工作有使命感。"

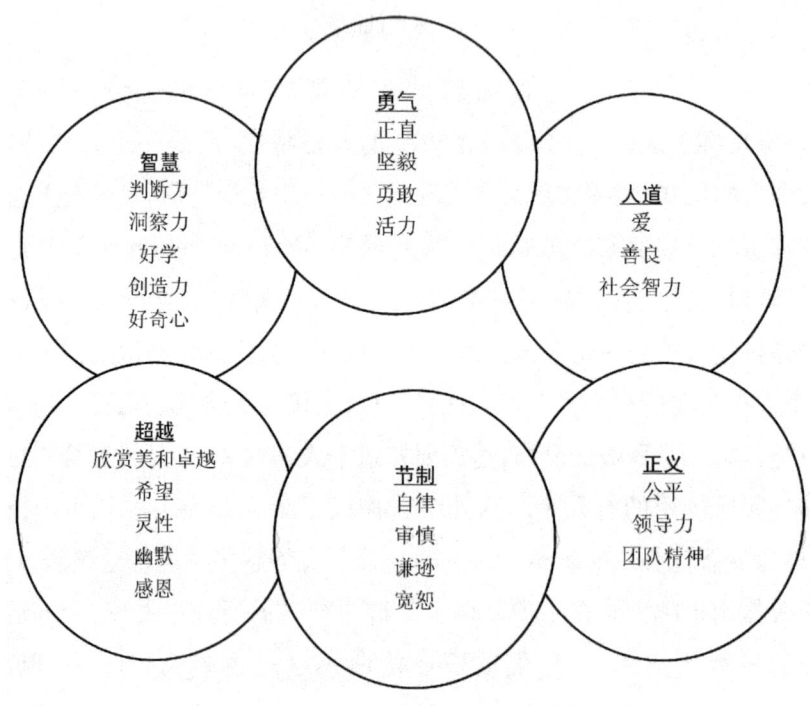

图 3-4　六大类 24 种品格

第三章 找到自己的职业使命

综上所述,一些人格特征可能会影响个人找到自己的职业使命感,但目前这方面的研究证据还比较有限,未来的研究需要继续探索可能影响职业使命感的其他人格因素。

第四章　实现自己的职业使命

前文已经提到,怀有职业使命感和最终实现自己的使命追求是不一样的状态,第三章主要讨论了个人如何去找到让自己感到具有使命感的职业,但并没有涉及影响个人实现职业使命追求的因素。在现实世界中,可能有不少人无法实现自己的职业使命追求,一项在美国人群中开展的研究发现,有38%的人报告了他们并没有实现自己的使命追求,即他们对某份职业怀着使命感,但他们现在正在从事的并不是这份职业(Gazica,Spector,2015)。这个人群比例是很高的,超过三分之一的人在从事着自己不能感到价值和意义的职业,他们不热爱从事的职业,可又无法实现自己的追求,这种情况会给他们带来消极的后果。作家布朗妮·维尔曾做过临终关怀的工作,她在自己2021年所著的书《临终前最后悔的五件事》(The top five regrets of the dying: A life transformed by the dearly departing)中总结出那些临终前的人所说出的五大遗憾,其中第一大遗憾就是:我多希望我有勇气忠于自己地活着,而不是过别人期望的生活。人之将死,才发现自己有那么多理想没有实现,有时候是自己没有机会选择,但却发现很多时候,所有都是自己的选择。人们遗憾的总是那些未实现的理想,但人们又似乎总是优先处理那些对自己来说应该做的事,而不是实现自己理想应做的事,这也导致遗憾的事会持续(Davidai, Gilovich,2018)。因此,我们有必要探讨个人如何实现自己的职业使命追求。本章核心要讨论的问题包括:哪些因素影响了个人实现自己的使命追求?个人如何面对实现职业使命追求的挑战?以及个人如何面对未实现职业使命追求的生活?

第四章　实现自己的职业使命

第一讲　背景环境因素

毫无疑问,个人需要获得机会去实现自己的职业使命追求,如果错失了机会或者根本没有机会,那么个人对某份职业的使命感也只能是留在心中的一抹白月光。不幸的是,现实世界中的机会总是很有限,很多人在职业生涯的发展过程中缺乏好的机会或际遇,甚至一辈子做着让自己感到无趣且厌恶的工作,无法干成自己想干的事。所以说,机会对于实现使命追求是重要的一环,但对于某些处于劣势环境背景下的人,他们的机会更少,这些人也更可能实现不了自己的职业使命追求,这一点在工作使命感理论模型中就被提及和强调(Duffy et al.,2018a)。有一部纪录片叫《出路》,记录了三个不同背景下的青少年不同人生轨迹,他们分别来自甘肃山区、湖北小镇和北京市,这是他们无法摆脱的生来就有的背景环境标签。来自甘肃山区的女孩叫马百娟,在经济状况和社会阶层上都处于最劣势,她也有过读大学的梦想,但最后她还是在家人的要求下辍学,文化水平很低的她在劳动力市场没有任何优势,哪怕她鼓足勇气去酒店应聘,也无法成功,毕竟即便是酒店前台的工作,也需要会电脑操作才可以胜任。她最后只能待字闺中,等待她的出路是被家人嫁出去,早早结婚生子,大概率会过上继续清贫且固化的生活。有一个镜头是她坐在山坡上,似乎在想着什么,但又无奈地摇摇头,这是一个很心酸的镜头。现实有时充满了无奈和残酷,像马百娟这样处于极度劣势环境的人,很难从事上让自己体会到使命感的工作,甚至他们连找到一份体面的工作都很难。相对比的是,纪录片中的北京女孩,名叫袁晗寒,阶层背景已经给了她比马百娟更多的选择,早早按照自己的想法从中学退学,得到父母的支持开咖啡馆,留学德国去学习艺术,回国后开了一间自己的艺术投资公司。她的阶层背景给了她足够的资源和机会来思考和追求自己理想的人生,做自己真正想做的工作,可以说她是在努力地洞察和追寻着自己的使命目标,

使命：职业心理学的解读

洞察之旅和探索之旅在她的身上都有体现。纪录片中两个阶层背景下的女孩在人生轨迹上有着鲜明的对比，这在很大程度上源自两个人所处的悬殊极大的背景环境，一个是机会和选择都很多，一个则是毫无机会和选择。因此，背景环境因素会影响个人实现职业使命追求的机会，目前的研究已经验证了一些影响实现职业使命追求的背景环境因素，这其中最典型的包括受教育程度、经济状况、社会阶层、性别等（Duffy et al.，2018a）。

一、受教育程度

受教育程度越高的人，实现职业使命追求的水平也越高。受教育水平提供了机会的敲门砖，这在中国这个人口众多的大国显得极为重要，上大学基本上是中国大多数青年人所必须经历的一步，也是很多人追求职业梦想的第一道关卡。中国自 1999 年开始实施大学扩招，自此之后每年的大学招生人数都在逐年增加，从图 4－1 和 4－2 的数据可以明显看到这种增长趋势，这也导致大学教育从面向少数人的精英教育，逐渐转变为面向多数人的通识教育。扩招前大学学历人数稀少，显得金贵，它不仅是机会的敲门砖，更是机会的砸门砖，它为人们开启了很好的实现职业追求的机会。扩招后的大学学历开始变得普遍，但也依然是很多机会的敲门砖。刚才所提到的纪录片《出路》中还有第三位主人公，湖北小镇中的高考复读生徐佳，一个寄希望通过高考来改变命运的人，对他来说，高考是自己人生中极其重要的一步，他和他的家庭深刻地知道学历的重要性，幸运的是，最终他成功考上了大学，大学毕业后找到了一份稳定的工作。虽然很难说他是否有让自己感到有使命感的职业，但他的机会和境遇一定比连初中学历都没有的甘肃女孩马百娟要好很多。

第四章 实现自己的职业使命

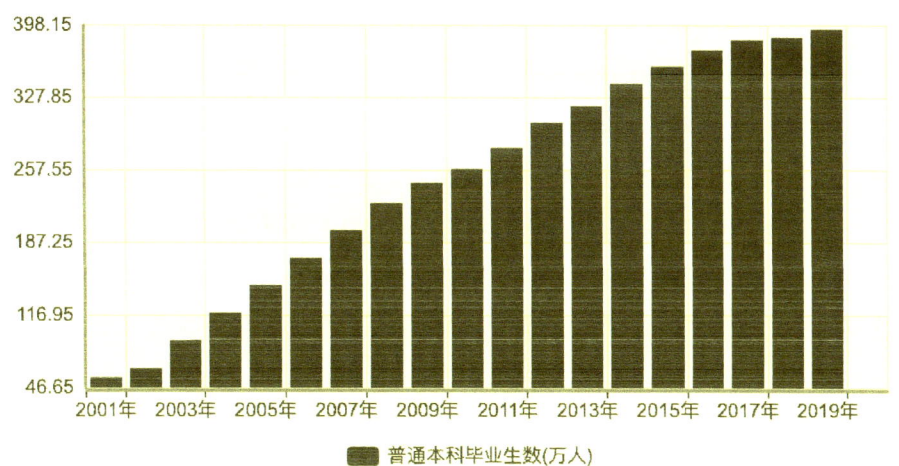

图4-1 我国历年大学本科毕业人数

注:该数据来源于国家统计局数据。

一些研究发现,受教育程度与实现职业使命追求存在正相关关系。一项在美国人群的研究发现,受教育程度与个人怀有职业使命感不存在相关关系,但受教育程度与实现职业使命追求存在正相关关系,那些教育程度在研究生以上的人比大学或大学以下学历的人具有更高的实现职业使命追求的水平(Duffy et al.,2013c)。另外一项在德国人群的研究中也发现,受教育程度与实现职业使命追求存在低正相关关系(Hirschi et al.,2018)。这些研究证据说明,教育给人们提供了更大的概率去实现自己的职业使命追求。而那些受教育程度较低的人更少有机会去实现自己的使命追求。所以,重视教育,也意味着重视未来,给自己的未来创造更多的机会和选择,因此,应该鼓励人们去追求更高、更好的教育水平,而且是有目标地追求更高的教育水平,并不是把教育仅仅当成是一个工具,获得所谓的学历和文凭。一个人如果没有目标而随波逐流地去追求高学历,最终也不见得会让自己获得并实现自己的使命追求。中国社会中有时会有"读书无用"的论断,我个人觉得这个论断是非常不对的,虽然不能说不受教育就一定不能实现个人的使命追求,但从统计概率的角度看,受教

使命：职业心理学的解读

育程度高的人实现自己使命追求的几率更大，不能以几个反例来反驳教育的重要性，毕竟不是谁都能成为如乔布斯或比尔·盖茨那样，即使辍学也依旧取得巨大成功。当然，受教育程度与实现职业使命追求之间关系的一种反向解释也可能存在，即越清楚自己职业使命追求的人，越有明确的目标，追求在某个领域的高教育程度本身也意味着这个人在实现着自己的使命追求，因此，受教育程度越高，个人实现自己使命追求的程度也越高。总之，受教育程度是影响个人实现使命追求的一个背景环境因素。

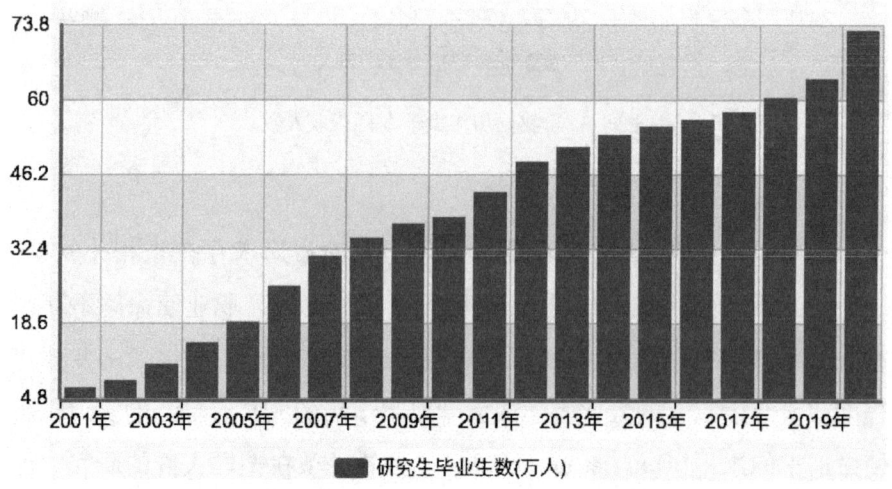

图 4-2 我国历年研究生毕业人数

注：该数据来源于国家统计局数据。

二、经济状况

经济基础决定上层建筑。经济基础对个人的职业使命追求同样具有影响。经济状况较好的人，更少受经济条件所困而不得不放弃自己的使命追求，并且会有更多的资源和机会来追求和实现自己热爱的职业。相对比来看，那些经济状况较差的人则可能面对着生活上的经济压力，不得不为了赚钱而放弃追求自己怀有使命感的职业，甚至在较差的经济状况下，有些人根本不敢奢望什么理想和追求，因为他们知道自己很难有机会

第四章 实现自己的职业使命

去实现自己的职业理想。研究证明,经济收入水平越高的人,实现职业使命追求的水平也越高。一项在美国人群的研究发现,家庭收入越高,个人实现职业使命追求的水平也越高(Duffy et al.,2013c)。类似的结论也出现在其他的一些研究中,比如,研究者在德国人群的研究也发现个人的收入水平越高,其实现职业使命追求的水平也越高,两者存在低相关关系(Hirschi et al.,2018)。这说明,经济收入低的人,更可能会为了生存而接受一份自己感到没有意义的工作,他们获得实现自己使命追求的机会也比较有限。所以,有人会说:"别跟我谈理想,理想不能当饭吃。"当人们为了基本的生存需求而挣扎时,也更少有心力去实现自己的理想追求。甚至,当这些人想去为理想为奋斗时,身边人也可能劝他们要认清现实。所以,悲观的人可能会说:"梦想是属于有钱人的,穷人不配谈理想。"这句话说得固然有些刺耳,但也的确道出了一定的现实无奈。经济收入高的人物质生活需要已经得到满足,他们有更大的底气和资源去实现自己的使命追求,也更有勇气去拒绝自己感到没有意义的职业选择或工作机会。美国著名华裔演员刘玉玲(Lucy Liu)曾说过一段很有趣的话,她说自己曾努力工作赚钱,为了存一笔钱,她把这笔钱称为"F**k you"基金。如果拥有这笔钱,当生活中有不顺心的事情发生,比如有人强迫你接受一份不喜欢的工作邀约或者威胁要辞退你,你就可以完全有底气对他说:F**k you,我不干了。刘玉玲的这段话简单形象地说明了经济收入水平对拒绝不愉快的职业或工作机会的作用。现实中,有些人是在经济状况达到了一定水平后,才有勇气或机会去追求自己的理想,先就业赚钱,再找机会实现自己所热爱的职业。比如,美国有位著名嘻哈歌手卡迪·B,很早就想成为一名艺术家,但她早年的经济状况并不好,她知道自己需要首先赚钱,才能支撑自己的理想,所以,她先去从事别的工作,用3年多的时间来努力攒钱,赚够的钱再投资到自己的音乐梦想中去,后来她成为著名的嘻哈歌手。总之,虽然不能说经济状况差的人就一定不能实现自己的使命追求,但人群的统计证据显示,经济状况好的人更有机会实现自己的使命追求。

三、社会阶层

刚刚涉及的受教育程度和经济收入水平在一定程度上反映到了社会阶层上,这意味着社会阶层越高的人,也越有机会去实现自己的使命追求。一项在美国人群的研究发现,个人的主观社会阶层与实现职业使命追求之间存在低正相关关系,即自我评估社会阶层越高的人报告了更高水平的实现职业使命追求。需要注意的是,这一推论关系虽然存在,但关系强度并不大(Duffy et al.,2016b)。另外一项研究也同样发现,未实现职业使命追求的人具有更低的社会阶层水平(Duffy et al.,2022)。社会阶层通常体现了一个人在受教育程度、经济收入、职业等级等方面的综合水平,这些方面往往在内部会形成一个循环。比如,社会经济地位低的家庭,其子女的受教育程度也会偏低,那么这些孩子成人后也更可能处于低水平的社会经济地位(Carneiro,Heckman,2001),形成对比的是,社会经济地位高的家庭的孩子更可能有更高的受教育水平和更高的职业抱负(Ashby,Schoon,2010),他们也更可能在职业发展上取得成功。因此,他们更有机会继续处于高社会经济地位上,这种现象体现为阶层固化。相对固化的阶层导致高阶层者持续会获得更多更好的机会和资源来实现自己的职业使命追求,而社会阶层越低的人则更可能持续处于低阶层,他们以及他们的子辈获得的机会相对是有限的,导致他们更少有机会去实现自己的追求。英国曾经拍过一个纪录片,叫《人生七年》,从 1964 年到 2013 年,追踪记录了 14 个不同阶层孩子的成长轨迹,处于底层的两个孩子,一个叫保罗,一个叫西蒙,从小没受过良好的教育,他们自己也不重视教育,成年后结婚生子,其子女受教育程度也低,整个家族都只能从事较底层的工作;典型的是一个处于中产阶层的孩子叫布鲁斯,教育程度较好,毕业于剑桥大学数学系,毕业后一直致力于从事教育事业,特别是贫困地区的落后教育让她感到有使命感,毕生都在为教育的普及而贡献自

第四章 实现自己的职业使命

己的力量;处于上层的一个孩子叫苏西,教育程度并不算优异,但人到中年时仍然处于社会中层。而同样处于上层社会的安德鲁,很小开始就接受着比同龄孩子更好的私立教育,早早设定了自己的教育目标和职业理想,立志要上剑桥或牛津这样的名校,希望以后成为一名律师。后来,他如愿进入牛津大学,毕业后成为了一名律师。可见,在一定程度上,阶层固化给处于不同阶层的人造成了相对固化的成长轨迹,他们的职业发展轨迹大不相同,相对而言,中高社会阶层的人因教育较好,更能从事上舒心的工作。当然,社会阶层并不是不能改变,有很多人可以通过自己的努力实现社会阶层的跨越,教育是其中一条很显著的途径,追求更高、更好的教育会让个人获得更多的机会,提升自己的社会阶层,来更有机会实现自己的使命追求。比如,纪录片中有一个叫尼克的孩子,出身农民家庭,他在7岁时就对太空充满兴趣,14岁时就很明确自己喜欢物理和化学,21岁考入牛津大学学习物理,26岁移居美国,研究核物理,拿到博士学位,最后在美国成为一所大学的教授。他实现了自己的使命追求,成为一名科学家是他感到有使命感的职业。虽然他开始的社会阶层较低,但他通过教育的提升,从事了自己从小就感到有使命感的职业,也实现了阶层的跨越。当然,对低社会阶层的人来说,这样的阶层跨越是艰难的,需要比高社会阶层的人有更大的天赋,并付出更多的努力,才能有机会赶上。这种现象在如今的社会体现得更加明显,如今能够考入北大清华的农村孩子越来越少,只能占到北大清华全体学子的10%至15%,而在上世纪八九十年代,这个比例是30%左右。总之,社会阶层也是影响个人实现使命追求的背景环境因素,人们如果想打破阶层固化,进而实现使命追求,则特别需要重视教育,且为之付出更多的努力。

四、性别

性别是一个不可忽视的因素,女性在实现自己使命追求的道路上会遇到更多的困难。虽然性别平等在全世界范围内已经被提倡了数十年,

使命：职业心理学的解读

女性的处境被极大地改善，但在这些进步之外，女性在诸多方面的发展仍处于劣势，其职业发展和工作境遇就是典型的处于劣势的方面。据统计，世界五百强企业 CEO 中，女性占比只有 6%；男女同工不同酬的现象在世界各国都普遍存在；女性在 STEM 领域的入学和从业比例较低，所谓的 STEM 领域包括科学（Science）、技术（Technology）、工程（Engineering）和数学（Mathematics），这四个方面是知识经济时代特别重视的四个核心素养。英国高等教育统计局的数据显示，在 2016 至 2019 年这四年间，女性在 STEM 领域的入学率只在 24%~26% 之间，毕业后的从业率只在 21%~24% 之间，稳定处于较低比例。这种现象在中国也十分明显，以北京地区的大学为例，2005 至 2008 年之间，女生选择文史专业的人数占比为 25.7%，选择工程专业的占比为 19.3%，而男生中选择文史专业的人数只有 11.5%，选择工程专业的占比高达 48.6%；在中国科学院和中国工程院的院士中，女性只占 5.5%（如图 4-3 所示）（Yang, Gao, 2021）。女性之所以在职业和工作发展上处于劣势，是因为她们受到了社会文化方面诸多因素的影响。

首先，女性被男性主导的性别规范而边缘化，很多女性受到性别规范潜移默化地影响，被认为相对于男性而言，工作对女性来说不那么重要，所以在晋升时，不会被优先考虑。女性如果试图超越男性，或试图挑战男性的主导地位，则会被潜在的性别规范所反对，被冠以一些诸如"女强人""母老虎"一样的负面称谓，甚至会上升到人身攻击的地步。2020 年因参加《脱口秀大会》而名声大噪的杨笠，只因搞笑吐槽男性"看起来那么普通，但是他却可以那么自信"而引起热议，被很多男性在网络上攻击谩骂，这是因为她的段子引起了强烈的共鸣，嘲讽了男性在性别规范上的主导地位。女性在追求高学历时也有可能被性别规范所反对，甚至被冠以"灭绝师太""男人、女人、女博士"的称谓。性别规范由男性主导，对女性不友好。西安有一位叫汤晓艳的女子，她在 40 岁的时候才终于圆梦考上大学，而她年轻时曾三次拿到大学录取通知书，这三次通知书中，一次

第四章 实现自己的职业使命

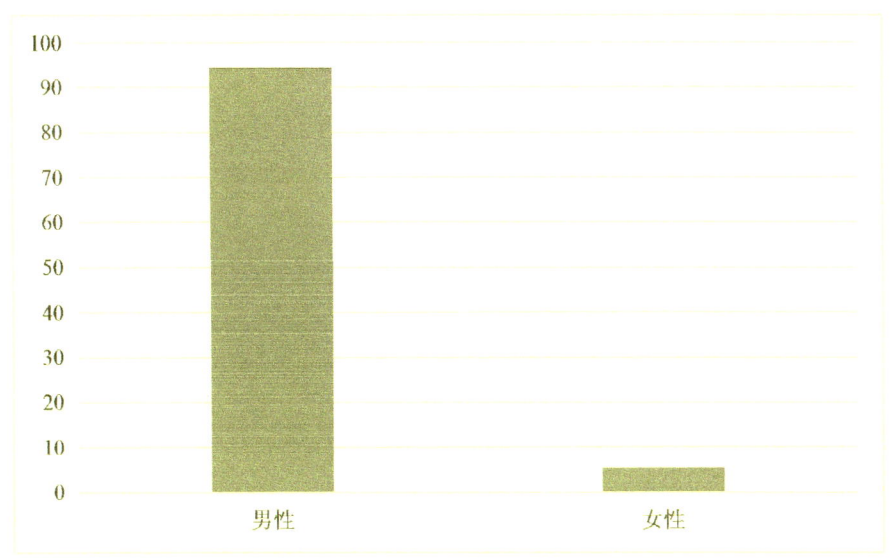

图4-3　我国两院院士的性别比例

被父亲当面烧毁,后两次被父亲藏起,未告知她。她的父亲之所以这样做,只因他坚信女孩子上学是浪费钱和精力,女孩子要么出去工作,要么嫁人,她的父亲遏制了她追求高等教育的想法,其原因仅仅因为她是一个女孩子;韩国有部争议性小说《82年生的金智英》,书中的女主角从小就生活在女性被轻视的环境中,她有自己热爱的职业,但不得不因为结婚生子而放弃,生子后完全承担起照顾家庭和孩子的责任,无法重拾工作,一旦自己想回去工作,就被周围的人反对,因为这些人都只看到她作为女性应该照顾孩子和丈夫的责任。男性主导的性别规范对农村女性的影响尤其显著,导致她们的处境更为恶劣,前文提到的纪录片《出路》中的甘肃女孩马百娟,她的家人坚信她上学是没用的,女孩的出路就是嫁人,然后期盼着女婿可以帮衬家里;张桂梅老师坚持创办免费女子中学是因为云南山村的女孩辍学率极高,家人不愿花钱送女孩去上学。这些都导致农村地区的女性们更难实现自己的使命追求。

其次,在性别规范的影响下,女性会感到强烈的权力不对等。女孩在成长过程中,被低估、被轻看、被认为在诸多能力上不如男孩,比如在学习

使命：职业心理学的解读

数学上，被认为数学能力不如男孩，但事实并非如此。在与男性竞争工作机会时，女性不占优势。长期处在这样的性别规范下，女性会内化这种不平等，产生低效能感，导致她们在与男性比较时不自信，且不奢望有大的野心和抱负。

第三，女性的劣势地位导致她们更可能被剥削，同工不同酬，哪怕在工作上表现出色，也不会给予领导职位，这就是在职业晋升上的"玻璃天花板"，它体现出性别规范对女性职业成功的影响。2018年，世界知名的媒体平台英国广播公司（简称BBC）被爆出男女同工不同酬，同等职位的薪酬，女性要少于男性，而最高薪的一些职位中，就没有女性，通过其公布的2016－2017年电视主持或主播薪酬报告可以看出，收入最高的前十位中，只有一位女性，排在第九。像BBC这样的全球主流媒体，肩负着传播社会文化规范的重任，竟在其组织内部，执行对女性不利的薪酬政策，这是极其讽刺的事情。可见，全球范围内，在职业和工作上对女性的不平等长期存在，想做出改变也是任重道远。

综上三方面的影响，导致女性在职业和工作发展上处于劣势，她们获得的教育、发展机会和资源会更少，因此，她们更可能无法实现自己的职业使命追求。一项对黎巴嫩女性进行的访谈研究发现，她们在实现自己职业使命追求的过程中，经受了社会规范和社会文化对女性的压迫，虽然这些压迫激发出了她们身上的职业使命感，使她们想通过工作改变女性从业者的劣势地位，但她们走的教育和职业之路要比男性更艰难（Afiouni，Karam，2019）。一个对工科感兴趣的女孩，可能会被父母或周围的人劝说工科不适合女孩学习，即便去学习，也可能在就业上竞争不过男孩；一个想读博士的女孩，可能会被劝说不要读博士，因为女博士不好嫁人，女人学历太高会吓跑男人，她也可能在竞争博士名额时，败于男生，只因她是女生而已，或者被要求读博时不能谈恋爱、不能结婚、不能生孩子；一个从事着自己热爱的工作的女性，可能会被告诫"结婚才是女人的归宿"，或在结婚生子后，被劝说把精力放在家庭和孩子身上，甚至被劝说放弃工作。这样的例子在现实中并不是个案,很多时候,社会性别规范不是明目张胆地限制女性,而是潜移默化地限制女性。它创造了一种氛围,导致女性在实现自己职业使命追求的道路上更艰辛。好在如今的教育机会比较公平,女性的大学入学率持续攀升。在2009年,中国女生的大学入学人数首次超过男生,且这一现象一直持续至今。无疑,教育是女性能够较好实现自己使命追求的一个助推因素。

第二讲 职业与工作因素

除背景环境因素的影响之外,如果个人要去实现自己的职业使命追求,还需要具备一些特有的个人素质和资源,这些素质和资源可能会增加个人最终能够从事自己感到有使命感的职业的机会。相比于背景环境因素的不易改变性,这些素质和资源因素可以通过个人的努力而得到提升,从而促进使命追求的实现。

一、工作意志力

第一个重要的个人素质就是工作意志力,指的是个人主观感知到自己可以在职业追求中克服困难与阻碍的能力(Duffy et al.,2012a),我在第二章对这个概念有所提及。一般来说,意志力是一个自我调节的过程,它调节的是个人在动机和外在行为之间的一些冲突(Kehr,2004),如果个人的动机和行为是和谐一致的,那么不需要意志力的参与。但其实,两者冲突的情况时有发生,比如,个人在工作的外在行为上需要建立人际关系,但自己又没有很强的权力动机或附属动机,这时就需要意志力克服这种低动机状态。再如,个人想静下心来专注于工作,但却又要面对刷手机的诱惑,这时,也需要意志力克服不应出现的行为冲动。因此,工作意志力的提出意在解决职业发展上,个人职业追求与外在条件限制之间的冲突,当两者一致时,即个人的职业追求没有受到外在条件的限制,不需要

使命：职业心理学的解读

意志力的参与，但往往现实条件的限制总有发生，这时就特别需要工作意志力来发挥作用。工作心理理论（the Psychology of Working Theory，Duffy et al.，2016c）认为，个人想要获得良好的工作结果，从事一份体面的工作，一个很关键的促进因素是这个人要能对自己的职业决策有掌控力，哪怕遇到困难和阻碍，他们仍然能克服困难而选择自己想从事的职业。一个人在职业选择的过程中，总会遇到阻碍，如家人不支持自己的职业选择，或者因为维持生计而不得不从事一份自己不喜欢的工作等。这时，个人需要调节这种冲突，来防止外在阻碍对自己职业选择的干扰，具备克服这些阻碍的心理能力，从而才更有可能从事自己感到有使命感的职业。研究发现，工作意志力强的人会表现出在职业生涯发展上更高的信心和更大的掌控力（Jadidian，Duffy，2012；Duffy et al.，2014b；Duffy et al.，2015b），因此，也更有能力去获得一个令自己满意的职业或工作（Duffy et al.，2016c）。一项在美国人群中开展的研究发现，个人的工作意志力越高，实现职业使命追求的水平也越高（Duffy et al.，2016b）。在另一项针对美国人群的短期追踪研究中，同样也发现，工作意志力正向预测了个人实现职业使命追求的水平（Duffy et al.，2018b），但该研究还发现，社会阶层低的人也表现出相对较低的工作意志力。这体现在低社会阶层的人无法实现使命追求的一种解释路径，即可能是因为这些人的工作意志力也不够高，这支持了工作使命感理论模型的论断（Duffy et al.，2018a）。总之，以上的这两项研究均说明，一个人不受外界影响而进行自主职业选择和发展的能力越强，他就越能实现自己的职业使命追求。工作意志力是一种主观上的解决内在职业动机和外在行为之间冲突的能力，它使那些怀有职业使命感的人感到自己有能力去找到或创造机会一些有助于实现职业使命追求的工作机会。因此，本质上来讲，它非常接近于主观上的自我控制或自我效能感，这两个因素对个人的职业发展同样重要。作为一种主观感知到的能力，自我效能感对实现职业使命追求很重要，它在使命与职业成功模型中也有体现（Hall，Chandler，2005），在其模型中，它被表

第四章　实现自己的职业使命

达为自信,个人的自信心有助于促进其向着自己的使命追求努力。我在前文中提到过的一项对音乐生持续多年的追踪研究(Dobrow, Heller, 2015)也发现,音乐生之所以坚持多年的音乐追求而不放弃,一个关键的因素在于他们相信自己在音乐上的能力,所以,既使是一个艰辛的事,他们也不放弃自己的追求。因此,个人需要这种主观感知的能力,来为自己的实现使命之路提供心理和行为上的动力。

根据社会认知职业理论(Lent, Brown, 2013),由于自信,个人会更主动地采取行动来达成自己的目标,因此,他们更有机会去实现自己的目标。而这种自我效能感来源于多方面,班杜拉的社会学习理论有系统地论述(Bandura, 1997),最重要的自我效能感来源就是个人过去的成败经验,如果一个人曾经遇到困难或阻碍时,自己总是没有成功应对,那么这种主观上的效能感或意志力就会低,他会怀疑自己的能力,当他再遇到困难或阻碍时,依旧会觉得自己没有能力应对,解决不了冲突,随之放弃应对,这体现了低效能感的负面影响。相反,如果一个人曾经遇到类似的阻碍时,总能成功应对,他会相信自己在此方面的能力,也会更积极应对,从而达成自己的目标。自我效能感的第二个来源是替代性的经验,个人作为一个观察者,从那些跟自己处境相似的人或事上,看到他人在处理所遇困难时的成败经历,会让个人对自己的应对结果有所预期。如果他人能成功应对,这会让个人也对自己有信心,相反,则会没有信心。例如,一个贫困农村女孩,如果看到跟自己类似的女孩通过努力考上心仪的大学,她也会更相信自己有能力考上心仪的大学。自我效能感的第三个重要来源是他人的言语劝说,基于事实基础的言语鼓励对个人的自我效能感有促进作用;相反,他人言语上的贬低则会起到降低自我效能感作用。如果身边人总是在告诉他"你能力有限,你做不到,你不行,你不够聪明",那么这个人也会受此影响而体验到较低的效能感或意志力。因此,要提高个人的效能感或意志力,就需要帮助个人发掘他的成功经历,或让他从别人的应对经历中借鉴到力量,再加上对其进行客观分析后的言语鼓励和劝导,这些措施有助于在个人实现使命追求的道路上,提高个人应对挑战的心理能力。

二、工作资源

资源保存理论(conservation of resources theory,Hobfoll,1989)的观点认为,资源对个人的发展起着十分重要的作用,人会持续地保存和积累自己的资源,这样他才更有机会获得更多的资源。而如果一个人的资源处于损耗状态,那么他也更可能持续地出现资源损耗和缺失。这里讲的资源,包括的范围很广,只要是对个人有价值的东西都可以称为是资源,比如像房子或食物这样的物质性的客体资源,像自尊和自信这样的个人特征性的资源,再比如像婚姻状况或友谊等社会性资源。该理论提出了2条原则和4条推论。(见表4-1)。根据该理论的观点,个人在工作中所拥有的资源的多少影响其实现职业使命追求的状况,因为工作资源越多,个人越能使用这些资源获得其他的资源,从这个角度看,工作资源有助于个人职业使命追求的实现。工作资源是指工作所具备的身体、心理、社会和组织层面的因素,这些因素要么能帮助个人达到工作目标,要么能减轻工作要求所带来的生理和心理压力,或者激励个人成长、学习和发展(Demerouti et al.,2001)。工作资源的内容同样有很多,比如个人所获的社会支持、来自组织的职业发展机会、个人在工作上的自主性等。一项在德国人群的研究中检验了三种工作资源对实现职业使命追求的作用(Hirschi et al.,2018)。第一种是自主性,即个人自由掌控工作安排、工作决定和工作方式的程度;第二种为任务重要性,即个人感知到工作对他人产生积极影响的程度;第三种为社会支持,即个人获得同事和领导等支持的程度。研究发现,自主性和任务重要性越高的人,实现职业使命追求的水平也越高,但工作上的社会支持对实现职业使命感并没有明显帮助。这说明,个人在工作上越有自主的掌控力,以及越能感觉到自己的工作可以积极影响他人,他越能实现自己的使命追求。自我决定理论认为

第四章 实现自己的职业使命

（Gagné，Deci，2005），人有三个基本需求：能力、自主和关系，也就是说，人需要让自己感到自己是有能力的，人也需要自主地掌控自己的事情，以及人需要处于社会性的关系中。因此，自主是一个重要的心理需求，同样，自主也是一个重要的心理资源。越能自主的人，越会最大限度地掌控自己的工作和生活，也越会按照自己的想法来发展自己的职业生涯，选择自己想从事的职业，他们就越有机会实现自己的使命追求。

表4-1 资源保存理论的基本原理

	描述
原则1	资源损失比资源获得更凸显。
原则2	人们必须要投入资源以获得更多资源和防止资源损失，或从资源损失中恢复。
推论1	拥有较多资源的人更容易获得更多资源； 拥有更少资源的人会更可能会出现资源损失。
推论2	初始的资源损失导致未来的资源损失。
推论3	初始的资源获得导致未来的资源获得。
推论4	缺乏资源导致防御反应，以保存剩下的资源。

资料来源："Conservation of resources: A new attempt at conceptualizing stress"。

自主性作为一种工作资源有两层含义：第一层是组织到底给予个人多大的自主性，通常组织在进行工作设计时就已经规定清楚了岗位的权责范围以及员工的工作方式，个人如果想跳出这个范围去按照自己的方式做事，恐怕会有一定的难度。组织层面给予个人的自主性需要个人的努力争取，有时甚至需要个人努力晋升到某个层次之后，才能拥有更大的自主性。另外，这种自主性可能还需要组织来主动给予，比如领导的授权行为，领导向下属分享部分权力，能够让员工获得充分的自主性。研究发现，领导的授权行为有助于员工实现自己的职业使命追求（Buis et al.，2021）。自主性的第二层含义是个人是否具备自主性的特质，也就是说，

使命：职业心理学的解读

个人是否能在生活的方方面面体现出自主性，这样他也可能在工作上表现得更追求自主性。但是，表现出全面的自主性不是一件容易的事，因为人处在社会环境中，难免会受到很多因素的限制，从而无法完全按照自己的想法行事。自主性是个人从青少年期向成人期过渡的一个重要特征，青少年在此时要变成一个自立的人，才能成功地适应环境，成功地度过生命历程中的各个阶段（Phinney et al. ,2005）。青少年需要在认知自我的过程中，发展自己的自我同一性，发掘真实的自己和这种真实所激发的力量，这种心理力量需要从自身获得，而不是寄希望于他人。青少年自主性发展的必经之路之一就是脱离家庭的个体化过程，这不可避免地会改变青少年与父母的关系，与家庭的脱离通常会引起父母的不适，导致亲子双方的情绪反应和冲突，但父母应该认识到这是个人自我同一性发展上的必经过程。这时应该提供给青少年更多的支持和适当的指导，青少年在发展自身的自主性时，能感受到来自家庭的支持，会更有安全感。总之，人在自己的青少年期应该尽可能地提升自身的自主性，自己来负责和决定自己的事情，为成人期的自主性打好基础。通过提升两个层面的自主性，相应地提升个人实现自己使命追求的可能性。

三、社会支持

社会支持是一个在心理学领域被熟知的概念，它通常在个人心理和行为上起到积极的作用。社会支持所囊括的方面很多，比如，通过为个人提供情感支持而增强其自尊或自信心，通过给予信息支持而给予建议或指导，或是提供诸如金钱帮助等实质性的支持（Schultheiss et al. ,2001）。由于关系是人类的一大基本需求，人需要感知到自己归属于社会群体，需要有人与人之间的关系，社会支持正是为个人满足了对关系的需求（Gagné, Deci, 2005）。虽然在以往的研究中，来自同事和领导的支持并没有被证实对个人的使命追求有所助益（Hirschi et al. ,2018）。但也有研究发现，来自其他方面的社会支持是个人在发展使命追求道路上的重要辅助因素(Bloom et al.,2020)。在他们的这项研究中,一些成功实现自己使命追求的被试表示自己在实现自己追求的道路上,离不开一些重要他人的关怀与支持。比如来自家人的支持,其中,父母是个人成长生态系统中离自己最近的人,他们的态度和行为对个人的职业生涯有重要影响,这在中国显得异常重要。一方面,父母可以为个人提供职业生涯发展上的建议,但是,如果父母过度干预,则不能起到社会支持的积极效果。我个人听过很多学生讲,自己之所以在大学学习某专业,是父母为他们作出的选择,并不是自己想学习这些专业,这时他们感到的不是来自父母的社会支持,而是干扰。中国青年报社会调查中心在2017年开展的调查显示,有17%的受访者表示,自己的高考专业志愿是家长决定的,父母在考虑子女的发展时,并没有给予子女应有的自主选择权。因此,父母在试图提供社会支持时,一定要注意把握"度",有时候支持和控制只是一线之隔,切忌越过红线,切忌把全心的支持做成了全力的控制。另一方面,父母也可以为子女提供一般性的支持,如鼓励和赞扬等,这些积极的情感支持同样对个人实现职业使命追求有所助益。纪录片《出路》中的北京女孩在自己的发展道路上,就离不开自己父母的支持,父母相信她,允许她从高中退学,支持她开咖啡馆,支持她去德国留学,她之所能自主地按照自己的思考而发展,父母的支持是不可或缺的力量,她是幸运的女孩。相似的事例还有报考北大考古系的钟芳蓉,虽然很多人为她报考冷门专业感到不值,但她将考古视为自己的使命追求,难能可贵的是,她的父母对钟芳蓉的专业选择没有反对,反而是相信、尊重和支持女儿的选择,这让钟芳蓉更有底气去朝着自己的使命追求努力进取。

除了父母之外,其他重要他人的支持同样对实现使命追求有重要的作用,典型的方面就是妻子或丈夫的支持,这是因为这些人同样处于个人社会生态系统中非常核心的位置。例如,李安导演之所以能实现自己的电影理想,离不开在自己低谷期时妻子的全力支持,在几乎就要放弃自己的电影梦想,打算转行学电脑时,妻子对他说:"学电脑的那么多,又不差

使命：职业心理学的解读

你李安一个。"李安蛰伏在家六年，没工作，没收入，煮饭烧菜，照顾孩子，这不是中国社会的性别规范所鼓励的事情，但他的妻子是一位伟大的女性，她负责赚钱养家，让李安全心创作剧本，妻子毫无怨言的支持是他实现自己使命追求的重要支持。来自家庭的支持一直是一个助益于工作的因素，相比于男性，它对于女性实现自己的使命追求更为重要，因为在传统的性别规范中，女性承担了更多家庭角色责任，比如生育子女、抚育子女、照顾家庭等，这导致女性在实现自己的职业使命追求之路上精力有限，她们需要兼顾工作和家庭双向的压力。因此，研究发现，相比男性而言，女性的工作与家庭关系类型更可能是冲突型（Zhang et al.，2021d）。在这样的背景下，女性特别需要来自家庭的支持，才能让自己更有机会追求职业理想。前文提到的那位来自西安的汤晓艳女士，40岁终于圆梦大学，从小有绘画天赋的她，由于父亲的偏见而无法上大学，直到人到中年才考上大学，学习设计类的专业。她能实现自己的理想离不开丈夫的鼓励和支持，当她对自己大龄参加高考而犹豫时，丈夫鼓励她有梦想就要去追逐，鼓励她去勇敢尝试，丈夫还支持她继续读研，这种支持对她有着莫大的意义。再如全球知名的脸书公司（Facebook）首席运营官雪莉·桑德伯格，是一位成功女性的典范，她在其畅销书《向前一步》（Lean in）中提到，自己的丈夫戴夫·戈德伯格是自己职业生涯中的重要合作伙伴，丈夫在各种事情上都支持她，哪怕在他们的女儿才只有六个月大，需要她的照顾时，正好Facebook邀请她加入，丈夫选择了支持她加入Facebook，而丈夫则不受传统性别规范的影响，承担起更多的家庭责任，支持桑德伯格在外发展自己的事业。虽然不能将桑德伯格的成功全归功于丈夫的支持，但有这样支持性的家庭环境，对她的成功有着很大的助益。总之，社会支持对个人实现使命追求起到助益作用，它也会提供给个人坚持下去的动力，特别是当个人面对实现之路上的困难和阻碍时，社会支持的辅助作用甚至会左右实现的成败。

第四章　实现自己的职业使命

四、工作要求

在个人进入到工作领域后,会被委以很多正式的或非正式的工作内容,但现实工作中,总会出现超出自己岗位设置的工作要求,这对个人来说是恼人又难以推脱的。它们的存在会对个人的职业和工作体验产生负面的影响,这种影响就包括它们对个人实现职业使命追求的感知。所谓"人在江湖,身不由己",组织中难免会充斥着一些非必要的任务,指的是个人感知到的那些无用、不相关和不合适的工作任务,属于不合规的任务(Kronenwett,Rigotti,2019)。个人面对组织委以的这种任务,既使意识到它们并不合理,也难以拒绝。这些不合规任务在工作领域并不陌生,很多人经常要做着一些并不属于自己工作范畴或角色期望的任务,不情愿但又无法拒绝,让人无奈。在这些身不由己的任务中,不断消耗着自己对所从事职业的热爱,甚至会损害到个人的身心健康。在芬兰员工群体中开展的一项研究发现,非必要任务越多的人,他们实现职业使命追求的水平则越低(Mauno et al.,2022)。这说明,那些感知到平时工作中总在做着一些非必要工作任务的人,会觉得自己越来越偏离了自己的职业使命追求。其他的研究也有相似的发现,这些非必要的任务会降低个人的工作认同感(Ma,Peng,2019)。另外的一项研究发现,非必要的工作任务会损害个人的心理健康(Madsen et al.,2014)。总之,来自组织的高工作要求,特别是那些不合规或非必要的任务要求,会损害个人对工作的使命感。对于不合规或不合理的工作要求,个人要学会委婉而适度地拒绝,不要让这些与自己本职工作无关的事情,伤害了自己对工作的使命与热爱。

第三讲　如何面对工作挑战

当一个人实现了自己的使命追求,从事着一份令自己感到有使命感的职业中时,并非意味着他可以一劳永逸而无所压力。童话故事只讲到

使命：职业心理学的解读

王子与公主幸福地生活在了一起，却没有讲他们后面还要面对漫长的生活。通常来说，人们在工作中往往面对着诸多的问题和挑战，既使是已经从事自己热爱的职业，也一样要面对一些挑战和困难，毕竟围绕着某份职业或工作，会有很多不得不去面对的职业现状和特征。比如，个人的理想职业可能会需要面对恶劣的工作环境，可能在工作中遇到不合格的领导，可能会发现所在组织有不合理的工作程序和方法等。这些负面的工作特征挑战着个人对职业使命追求的感知，让个人觉得曾经让自己感到有使命感的职业与自己想象的并不一样，从而动摇和怀疑自己对这份职业的使命感。这是一件令人遗憾的事情，因为一个人好不容易认知清楚什么才是令自己感到有使命感的职业，也努力去实现自己的这份使命追求，却最终无法战胜挑战。那么，当一个已经实现职业使命追求的人，从事着一份令自己感到有使命感的职业中，会遇到哪些可能的挑战？他们如何处理这些挑战？会走向怎样的后续职业生涯之路？针对这些问题，研究者开展的一项研究做了很好的解答（Schabram, Maitlis, 2016）。该研究的对象为动物收容所的工作人员，这些人之所以选择到动物收容所工作是因为他们都对动物福利事业感到有使命感，他们热爱动物，但是并无例外的是，动物收容所的工作同样会遇到困难和挑战，他们会在工作中遇到诸多棘手的事情，这些棘手的事情甚至已经在收容所存在了很久。比如，最初他们进入收容所工作，初始意识到的困难包括恶劣的工作环境、冷漠的客户、缺乏必要的培训和支持等。随着工作的深入，他们又意识到一些其他的问题和挑战，比如管理不善、同事间的不和睦、艰苦的外部条件（包括缺乏资金支持、地方立法的不完备、公众的冷漠态度等）。这些问题是动物福利行业中比较普遍存在的问题，它们在挑战着这些把动物福利事业视为职业使命的工作者们。该研究发现，这些人采取了几种不一样的应对策略，并最终走向了不同的发展路径，有些人开心地继续从事着这份使命式职业，而有些人则不得不带着遗憾而离开。这些在动物收容所工作人员群体中所得到的发展路径，具有普遍的启发意义。这些路径主要包

括三种(如图4-4所示):

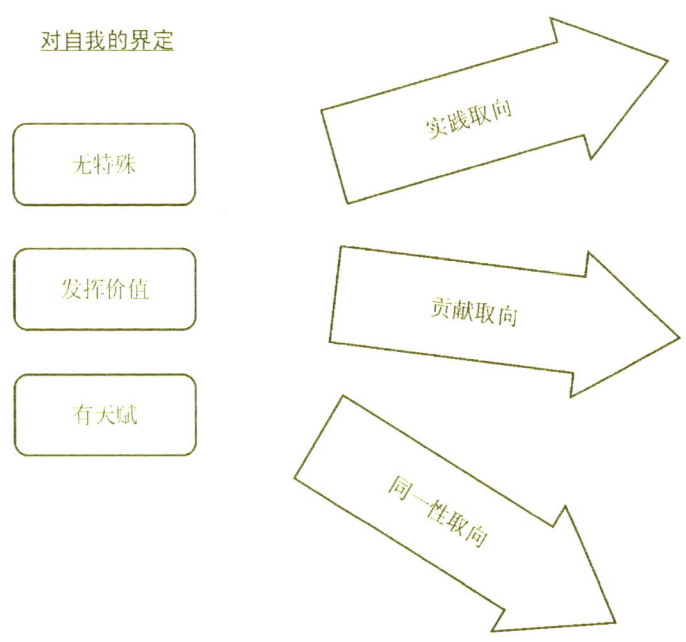

图4-4 面对挑战后的三种典型发展路径

资料来源:"Negotiating the challenges of a calling:emotion and enacted sensemaking in animal shelter work"。

第一个路径称为"同一性取向"的路径(identity - oriented path)。我在前文中已经提到过自我同一性,它也被称为"自我认同",主要指一个人对自己稳定而连贯的感知。自我同一性对个人的毕生发展异常重要,个人在青少年时期的一个重要任务就是获得自我同一性,他们要进行充分地自我探索,要发掘自己到底是怎样的一个人,以及他们如何融入社会。通过这些探索,个人最终得到清晰明确、和谐统一的自我认知(Steinberg,Morris,2001)。"同一性取向"路径下的人最核心的特征是看重这份职业承载的个人对自我的表达,他们会觉得这份职业或工作对自己太重要了,因为它承载着"我之所以是我"的界定,职业与自我高度融合,仿佛如果不能从事这份职业,自己就会是一个不完整的人。而人有着本能的

使命：职业心理学的解读

保护自我的倾向，人会采取很多防御方式来避免自我被威胁和伤害。因此，在面对来自工作的困难和挑战时，个人会清楚地感知到这种未曾预料到的理想和现实之间的冲突，他们会采取防御措施来保护自我。比如：他们会努力维护自己对动物的特殊天赋感，内心坚信自己对这份职业是有天赋的，意在维持自己独一无二的适合这份工作的信念，认为这个工作只能自己来做，别人都不行。由于他们把自我与工作高度联系在一起，很容易把工作的挑战视为是一种对自我的挑战，因此，总是会带着抵触性的消极情绪来应对困难和挑战。起初，他们也会在行动上采取应对策略，比如尝试去不同的部门工作，或者调整自己的工作任务，甚至会主动调整到那些最困难的岗位中去。这是因为在这些岗位上会给个人带来强烈的自我满足感，他们太需要这种自我满足感来支撑起自己的自我同一性。在同事关系方面，起初他们会努力地为自己的不同观点进行辩护，因为他们相信自己的天赋。但后来会选择更专注于自己的工作，减少那些令人烦恼的沟通。以上诸多的尝试和调整可以让他们的困难和挑战得到暂时的缓解，但这些并非长久之计，遗憾的是，他们总是把面对的困难视为是对自我天赋的挑战，持续带着负面情绪来应对，终于感到疲于应付，甚至开始质疑自己对这份职业的天赋，这些人的结局是感到心理上的倦怠和无力，最终离开动物收容所，去从事那些难度更低的有关动物的工作。"同一性取向"路径下的人把对某份职业的使命感看得太重，类似于融入自己的生命那么重，可惜物极必反，最终被热爱所伤，遗憾离场。这样的例子在现实中也不在少数，举一个例子，一位从医五年但不得不选择离职的医生，当医生一直是这位女医生心中的理想，她之所以能在艰辛的工作环境下坚持了几年时间，是因为自己对医生这个职业怀着深深的热爱，但她在医院的工作中，遇到了很多困难和挑战，包括：难熬的夜班，本来睡眠很好的她开始出现睡眠障碍；难缠的奇葩患者，让她无奈又气愤；她因自身的共情能力强，而消耗了自己很多能量，遇到抢救失败时，家属哭，她也跟着哭。她把这份职业看得太重要了，常常咬牙坚持。但这些问题的循环出

第四章 实现自己的职业使命

现,让她对环境失望,进而对自己失望,这些直接导致她出现持续的负面情绪,后续严重到演变为抑郁情绪,经常感到内心痛苦,非常沮丧,让她怀疑这份职业的意义,也怀疑自己的意义。好在她及时意识到自己内心的痛苦,在家人的帮助和支持下,选择离开这个让自己热爱又让自己痛苦的行业。这位医生的早期生涯经历就体现到了"同一性取向"的一些典型特征,由于这份职业对自我来说非常重要,所以选择坚持,但持续的困难和挑战不断冲击着她对职业的认知和对自我的界定,最终仍感到无力抗拒。

第二个路径称为"贡献取向"的路径(contribution-oriented path)。这个路径下的人同样热爱自己的工作,但他们的显著特点是怀着一种要为社会做出贡献的精神来践行自己的使命追求。他们怀有一颗真挚的良善之心,想帮助更多人,想贡献自己的力量,也认为自己有能力做出贡献。他们对待困难和挑战的态度,起初是比较积极的,认为来自工作的挑战让他们可以发挥自己的才干,从而使自己能对这个世界有积极的影响,他们把挑战视为机会,是让自己能有所发挥的机会。当然,他们仍然有消极的情绪,毕竟困难和挑战并不是令人愉悦的东西,但他们的消极情绪反应与"同一性取向"路径下的人存在明显不同。"同一性取向"路径下的人表现出的是愤怒和悲伤,因为他们认为困难是对自我的挑战,然后会变得对自己很失望,但"贡献取向"下的人则没有那么愤怒,因为他们不会觉得困难和挑战是对自我的为难。他们在意识到困难和挑战后,把这些挑战解读为是有助于自己实现做贡献这一目标的机会,所以在看到工作中的一些不合理情况时,认为他们的同事们需要被指导,或者收容所的某些方面有待改进,因此,他们努力用自己的能力来应对这些问题。比如,他们会承担起领导者的角色,然而,领导职位带来的问题持续增加,这对他们的打击是感到自己并没有做出贡献,反而受到其他人的指责。所以,他们会转而去尝试寻求更多的工作责任,承担很多能让自己感到有贡献的工作任务,或者去支持和帮助同事们的工作任务。承担这些工作任务,确实

使命：职业心理学的解读

起到了一定的作用，让个人感到自己做出了一点贡献。但随着时间的推移，这些工作任务不能满足个人对贡献的需求，很多实质的问题并没有办法解决，自己的力量无法发挥，他们会沮丧和愤怒于那些阻碍达成目标的困难和障碍，他们最终也会感到疲倦，发现自己贡献的力量不能解决持续存在的问题，被工作上的负面特征所压垮。这些人最终也离开了动物福利行业，选择去其他能对社会做出更大贡献的行业。"贡献取向"路径下的人跟"同一性取向"路径下的人同样都看重对某份职业的使命感，但他们看重的不是职业对自我的表达，而是对自己想做出贡献的表达。当环境导致他们无法做出贡献时，他们受到巨大的心灵打击，最终被自己的热爱所伤，遗憾离场。仍然以医生为例，一位已经离职的医生诉说过自己五年的从医经历，她曾对成为医生怀着一种使命感，想做一名良医，也想成为医学领域里的学术领袖，想有所贡献，但来自医生工作的挑战让她始料未及，直接阻碍了她的使命追求。她说印象最深的就是她救治一位患者，患者十分信任她，她也保证一定把她治好，起初用标准的方法治疗取得了很好的成效，但后来症状出现反复。她和她的主管医生都无法解释为什么病情会出现反复，也不知道该如何治好这位患者。她觉得自己实在对不起患者的信任，没有兑现自己治好患者的承诺，对自己也感到失望。再有的一个挑战就是她想着为医学作出贡献，却有不少患者和家属让医生寒心，时常有无理取闹的患者，叫嚣着花了钱就一定要治好病，叫嚣着医生就该奉献，让她心中有种"我本将心向明月，奈何明月照沟渠"的感触，导致她开始怀疑自己从事这份职业的价值。作为医生，要担心被打、被砍、被杀的风险，实在感到不值得。渐渐地，她无法承受这些长久积累起来的负能量，感到委屈和压抑，脾气也越来越差。压倒她的最后一根稻草是青年医生下乡挂职锻炼的规定，让她彻底对医生的工作体制感到失望。她最终辞职离开了医生行业，去外企医学部做医学沟通方面的工作。这位医生的职业生涯路径就体现了典型的"贡献取向"，工作上的挑战持续阻碍着她对自己能做出一定贡献的目标，阻碍她想做"好医生、好学者"

第四章 实现自己的职业使命

的理想,最终被工作的负面特征所击垮,离开了曾经怀有满满的使命和抱负的工作。在一项研究中也报告了一个名叫皮特的英国人(Cohen et al.,2019),他同样是典型的"贡献取向",他对社会福利事业有使命感,因为他想为社会有所贡献,想通过自己的工作推动社会做出积极的改变,他在英国的公共部门工作了三十余年,但最终还是失去了曾经的信念,离开了自己所热爱的职业。在这个过程中,他同样在不断地应对着挑战,做出一些调整,努力维持着自己的使命感,最终他发现环境和政策已经无法让他继续保持自己的理想,很多他推进的福利项目被取消,无法让自己继续做出贡献,他也无力对抗政策的阻力,所以他厌倦了无法继续践行使命追求的环境,而不得不选择离开。

第三种路径称为"实践取向"的路径(practice – oriented path)。该路径下的人也十分热爱自己的工作,想做出一定的贡献,但他们不会觉得自己在这份工作上有独一无二的天赋,不会觉得自己是做某份职业的天赋异禀的人选。因此,他们对职业上的自我表达没有那么看重,不强调职业是定义自我的东西,这使得他们的职业抱负也没有那么大,正因为如此,他们在面对工作中的困难和挑战时,没有强烈的负面情绪。此路径下的人最显著的特征是把挑战视为自己学习的机会。他们觉得困难总会得到解决,即便解决困难的时间可能会很长,但它终究会被解决。他们的情绪反应没有那么强烈,整体上是积极的,会尝试理解困境,想办法解决困境,积极投入工作。他们在同事关系上也不会像其他两种路径的人,"实践取向"路径下的人认真看待同事对问题的看法和可能提供的支持,所以会积极寻求同事的帮助,这样就与同事建立起了融洽的关系。当然,在面对持续的挑战后,他们开始也会有负面情绪,但因为自身的能力已经得到提升,他们逐渐意识到,问题需要被解决,自己要承担起更大的责任,所以,他们中的一些人会申请做领导和管理的岗位,然后在管理的岗位中学习和提升,再去解决问题,而且会在工作中持续学习和提升自己,他们甚至会创造挑战来让自己有学习和提

使命：职业心理学的解读

升的机会，逐渐使自己变成更有能力的实践工作者。虽然他们后来在面对工作时也会有情绪上的反应，如沮丧、焦虑、压力等，但这些情绪的困扰一般不大，因为他们已经逐渐有自信，也相信自己有能力做得更好。他们在工作方法上更积极，态度也更积极，他们关注自身的学习，并逐渐提升自己的掌控力和影响力。这些人不像其他两种路径下的人，他们对自己和职业的定位留有空间，姿态放得也很低，懂得如何使自己热爱的职业变得更好，深刻地明白自己需要不断地学习来改进。他们是看重实践和学习的一类人，把自己对某职业的这份热爱留住了，是真正在持续实现使命追求的人。举一个具体事例，有一位在贵州工作的医生，叫胡馗，怀着对医生职业的使命感，从复旦大学博士毕业回到贵州，希望能推进本地的医疗进步，造福一方百姓。他目前的发展之路就体现了"实践取向"的典型特征。回到贵州工作三年后，他依旧对自己的工作有着乐观的态度，也意识到自己目前还做不出什么大的成绩，但他说相信自己，可能一年两年不行，那三年五年，十年八年，他还可以工作三十年，他应该能够做出一些成绩，应该能够做一点事情。他给自己定的短期目标就是让自己的临床技能得到训练。从这个事例中，我们可以看到胡馗医生没有被困难和挑战击垮，他十分注重提升自身的能力，态度上乐观向上，情绪积极，既使短期内无法实现自己的目标，也没有让他对自己的目标产生怀疑，他相信自己在长久的积累和发展后，会取得很好的成绩。

综上可见，那些怀着使命感的人们在面对工作上的困难和挑战时，之所以采取不同反应，关键在于他们如何解读挑战与自我的关联，以及随之产生怎样的情绪反应和意义构建，情绪反应和意义建构会形成一个双向循环的过程，最后产出对自我的重新解读。这个过程还涉及两个机制，其一是框架（framing），用以影响个人如何去解读他们遇到的挑战，并做出如何的反应；其二是践行（enactment），用以重塑工作情境，这也会激起后续而来的挑战。这个过程如图4-5所示。

第四章 实现自己的职业使命

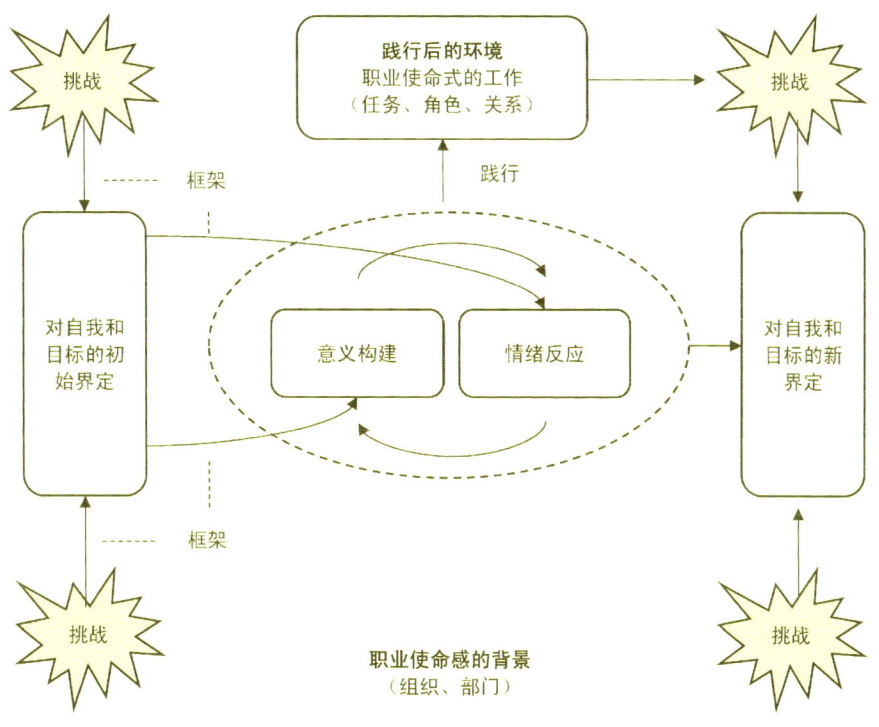

图4-5 应对挑战的关键过程

资料来源:"Negotiating the challenges of a calling:emotion and enacted sensemaking in animal shelter work"。

人们处在组织或部门的环境下,要面对与使命式工作相关的任务、关系和角色等。这些任务、关系和角色等很难一帆风顺,因此,既使一个人正在从事着让自己感到有使命感的职业,也会遇到来自工作上的困难和挑战。个人会首先通过对自我和目标的界定来解读这些挑战,有些人把这些挑战解读为对自己和所追求的目标的威胁,而另外的一些人会把挑战视为发展和提升自己的机会,这种不同的解读会使人们产生不同的意义建构和情绪反应。因为使命式职业是个人十分看重的东西,因此,个人在实现使命追求的过程中,情绪反应通常比较强烈,有些人在面对挑战时会感到强烈而持久的沮丧和愤怒情绪,而有些人的负面情绪则没有那么

155

使命：职业心理学的解读

强烈和持久。在这些情绪反应的基础上，人们会采用不同的意义建构反应来应对挑战，如跟他人交流、自我反思、尝试不同方式的工作和关系等。通过这些方式，人们尝试以一些不同的途径来让自己维持住使命感，探索自己可以在这份工作上做到什么程度，以及努力让自己在工作上实现自己的目标。然后，个人产生新的情绪反应和新的意义建构，两者会循环反复地出现，直到对自我和目标完成新的思考和解读，这导致个人走向不同的职业生涯路径，有人负面解读后离开了曾经热爱的工作，而有人正面解读后继续从事这份工作。

在解读挑战时，"同一性取向"和"贡献取向"路径下的人都倾向于"结果"框架，即把挑战视为在阻碍个人实现自己的目标，阻碍个人发挥自己独一无二的天赋和才能。他们有着对目标的强烈渴望，极度希望自我或目标在工作上得到回应，他们看重结果带来的成就满足，一旦遇到挫折，变通性较差，固定型思维模式明显，所以，当结果实现受阻时，会持续怀疑自己。而"实践取向"路径下的人则倾向于"学习"框架，即把挑战视为学习的机会，投入的意义建构更关注于学习和提升，他们的思维模式是成长型，相信自己的能力是可塑的，在面对挫折时的变通性要比其他两种路径下的人强很多。因此，他们的自我和目标不易受到困难和挑战的影响，消极情绪反应没有那么强烈。

在行为应对时，不同路径下的人同样做了不同的反应，"同一性取向"和"贡献取向"路径下的人都倾向于在遇到困难和挑战后，做出极端而剧烈的转变，比如他们急切地想做领导、去任务最艰巨的岗位上等，这反而加剧了他们的失败，导致自己无能为力而感到沮丧，进而对自己感到失望。相反，"实践取向"路径下的人在面对工作上的困难和挑战后，不会做那么剧烈的转变，他们不会无理由地冒险尝试，他们采取的策略是让自己搞清楚如何去掌控工作，积极寻求他人的指导和帮助，等自身的能力和自信提升之后，再尝试完成新的工作任务。他们每走一步都有充分的准备，自身的信心和把握更大，因此，有机会获得发展和提升。

第四章　实现自己的职业使命

总体来看,"实践取向"路径下的人,其最终结果更好,而"同一性取向"和"贡献取向"路径则均导致个人怀着遗憾离开自己感到有使命感的职业。把使命追求纳入对自我同一性的界定并不是问题,问题在于,如何在面对困难和挑战时,剥离开两者的联系,让个人能更理性地看待困难,从而减少对自我的伤害。人从事一份工作,不可能一帆风顺,困难和挑战在所难免,个人应该用学习的思维去应对挑战,而不是用结果的思维去应对。一个人如果能发现自己的使命追求,并真正从事让自己感到有使命感的职业,已经是很不容易的一件事了。人们不希望看到,一个人热爱着某项职业或工作,最终却筋疲力尽地离开。热爱和使命并不简单是一种态度和认知,它需要付出实实在在的努力,使命不应该仅仅是一股脑的热情投入,还应该有对能力的评估和对工作现实的理性认知。就像很多人对医生这份职业很有热情,但很多已经工作的医生却在不断地劝说"不要学医",或许这些医生早已真切地感受到了这一行业的艰辛和挑战,不知在这日积月累的挑战下,他们是否依旧保有最初的那份热爱,是否已经身心俱疲,是否已经打算提前离场。

第四讲　未实现的人怎么做

正如前文所言,怀有使命感和实现使命感是不同的状态,现实世界中的很多人可能没有机会实现自己的使命追求,他们怀着对某份职业的使命感,而工作在另外一份自己没有使命感的职业中,又没有足够的勇气离开。这种未实现的状态对个人来说是有害的状态,梦想破灭的打击让人感到沮丧,使人对工作和生活都感到不满意,严重的甚至会伤害到个人的身心健康。个人如果错失了令自己感到有使命感的职业,他会如何面对自己的工作和生活?是坐以待毙,自怨自艾?还是主动采取一定的策略来积极应对?有一点是重要的:绝不能因为未实现使命追求而过上自暴自弃的生活。相反,应该积极重塑自己的工作和生活,让自己的工作和生

使命：职业心理学的解读

活能尽量贴近自己的使命追求。那么，个人采取怎样的策略来重塑自己的工作和生活？有研究者开展了一项重要的研究来探讨这个问题(Berg et al.,2010)。该研究发现,虽然有些人从事的并不是他们使命追求的职业或工作上,但他们并不是被动地接受组织分配给自己的任务和角色。相反,他们会积极主动地重塑自己的工作和生活,把使命式职业有关的特征纳入自己现有的工作和生活中,这就是一种"曲线救业"的策略。个人的重塑策略主要集中在两个方面:一方面是从工作入手,来积极调整工作,另一方面是从生活入手,来积极充实生活。两大方面又分别各有几种典型策略,(如图4-6所示)。

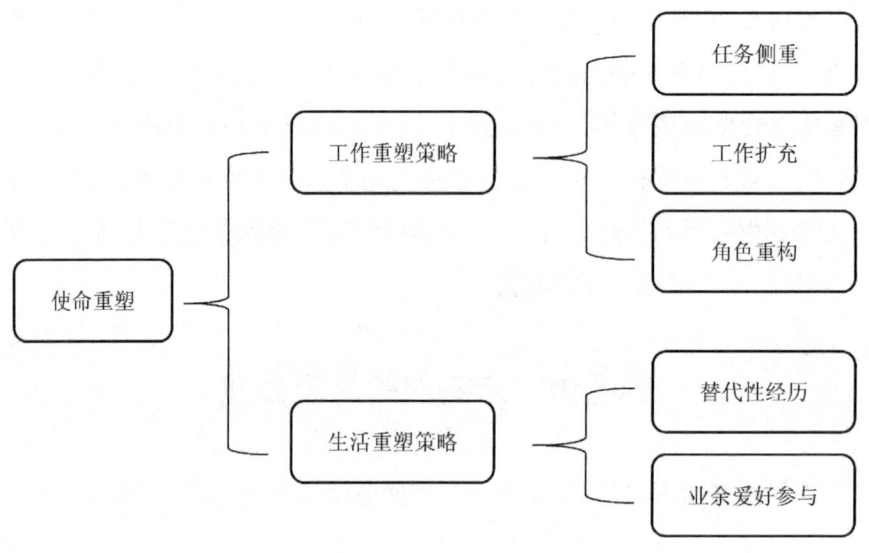

图4-6 使命重塑的策略

资料来源:"When callings are calling:Crafting work and leisure in pursuit of unanswered occupational callings"。

一、工作重塑策略

工作重塑是近年来组织行为研究领域中的一个重要主题,它最核心的宗旨是员工需要在工作上进行主动地改变。很少有人的工作可以称得

第四章 实现自己的职业使命

上完美契合于自己,与其被动地接受工作的全部,不如主动地去改变工作中那些不适合自己的任务、关系或认知,来使工作能变得更契合于自己(Wrzesniewski,Dutton,2001;张春雨 等,2012)。与之一脉相承,这里所说的未实现职业使命者的工作重塑策略,其出发点也是个人通过主动改变工作上的任务和认知等,来让工作更加契合于自己感到有使命感的工作特征。通过这样的方式,个人虽然依然没有完全实现自己的使命追求,但能感到自己在一定程度上体验着使命式职业的特征。个人一般会采用三种典型的工作重塑策略。

第一种策略称为任务侧重(task emphasizing),即从自己现有的工作任务入手,在现有的工作任务上,发掘那些与使命式职业一致的特征,从而在一定程度上满足自己的使命追求。这种策略下包括两个典型方式:一是通过改变分配来的工作任务的性质,来纳入一些使命式职业的特征。组织分配来的工作任务,通常可供自己调整和改变的空间不大,但个人可以从任务中发现某些特征是符合于自己职业使命追求的特征,一旦个人可以从认知上发现这一点,他做这个工作任务就能在一定程度上满足他对职业使命的追求。例如,一个人正在从事企业政策顾问的工作,但她还有另外一个感到有使命感的职业,就是大学教师。她采取的重塑方式就是寻找顾问工作和教师工作中一致的特征,把未实现的工作(即大学教师)中的特征纳入现有的工作中,这个人就把教导他人特征纳入自己现有的工作中。她在工作中有与实习生对接的任务,这是组织分配给她的任务,她作为一名启导者,努力教给实习生更多的知识和技能,给予他们指导和帮助,这让她觉得自己在做的也是一种教学,使她很享受,觉得做的工作更有意义了。从这个示例可以看出,这个人就是发掘到了现有任务与理想工作之间共有的特征,来让自己得到一定程度上的满足。任务侧重策略中的方式二则是在那些与使命式职业有关的任务职责中,投入额外的时间和精力。例如,一个人目前做着大学教师的职业,他对这份职业是有使命感的,但他还对语言教育有使命感,所以,他的未实现类型属

使命：职业心理学的解读

于额外型。幸运的是，他工作任务中有培训新教师的工作职责，所以，他愿意投入更多精力在培训任务中，虽然这个任务不是针对语言教育的任务，但他能给新教师提供有益的辅导和指点，他感到很喜欢。总之，任务侧重这一重塑策略意在让个人在现有的工作任务中发掘到与其使命式职业相一致的特征，然后通过完成这样的工作任务，来满足自己的职业使命追求。他们基本没有增加或扩充自己的工作任务量，只是在现有的任务中进行发掘或进行额外的精力投入，因此，使用这种重塑策略的人不用做太大的工作任务调整。

第二种策略称为工作扩充（job expanding），即个人增加额外的工作任务来纳入使命式职业的特征，它跟任务侧重策略的显著区别在于：它不是在现有的任务中去发掘与使命式职业相似的特征，而是增加额外的工作任务以获得使命式职业的特征和体验。因此，这种策略下的工作任务调整要大于任务侧重策略。它也同样存在两种典型的方式：一是个人去承担短期的或临时的任务。这种任务本来不在个人常规的工作任务范围内，但个人如果遇到那种与使命式职业特征相一致的短期工作任务，可以主动争取下来，可以短期满足自己的部分追求。例如，一个人目前从事的工作为客户服务代表，但她很喜欢学习语言，对英语翻译工作感到有使命感。她采取的方式是在客户服务中，经常主动去承担可以发挥其翻译才能的短期额外任务，即便这种满足只是一时的，依然能让她可以实现自己的一部分追求，并体会到自己看重的价值和意义。二是为工作增加新的任务，与前一个方式的不同在于，这些新的任务不是临时的，而是新增的常规性工作任务，因而，这种方式下的满足会更长久。当然，使用这种策略的人要考虑到这样会增加自己的工作负荷，如果自己可以承担这种负荷，那这种方式也是可行的。例如，一个人正在从事大学教师的职业，但他还对咨询或管理有着很强的使命感，由于咨询工作就是运用自己的专业知识，让更多人受用于这些知识，这是他所喜欢和看重的特征。其中，与其目前工作最相关的就是学业咨询。因此，他在基础上，主动承担更多

第四章 实现自己的职业使命

的管理职责,这些职责允许他可以提出新的项目,设计更具持续性的课程体系,这样的工作任务给他带来了很大的成就感。总之,工作扩充的重塑策略在于个人去主动承担额外任务,不管它是临时的,还是常规的,只要这些额外任务具备使命式职业的某些特征即可,以此满足个人对使命式职业的追求。中国著名演员章子怡就是一个典型的例子,她热爱电影表演,对表演有着敬畏心,但她从小的梦想职业其实是当幼儿园老师,她早在大学刚毕业时的采访中就说过:"我的愿望是想成为一个幼儿园老师,也许将来我会为他们办学校。"哪怕过了二十年,她依然保持着这个愿望。因此,她在表演工作之外,做了很多有关小朋友的额外工作,多年来她参与的慈善工作大多数都与少年儿童有关,比如出任相关的慈善大使、为孩子们捐物捐款、去实地慰问孩子们等。她想通过这些工作来为那些儿童、孤儿或残疾的孩子多做一些事情。可见,章子怡所采用的方式就是典型的工作扩充,通过这些与小朋友有关的额外工作任务,她在一定程度上实现着自己的另一个职业使命追求。

第三种策略称为角色重构(role reframing),即个人改变对自己现有工作意义的感知来使之契合于使命式职业。该策略的核心要点在于改变认知,改变个人如何去感知和看待自己的工作。即使自己现有的工作与使命式职业在工作内容上很不一样,或许某些特征有相通的地方,这需要个人通过认知上的重塑来调整自己的感知和想法。该策略包括两种典型的方式:一是在认知上,发掘现有工作与使命式工作之间的联结。比如,想一想两个工作之间的目标是否一致,或是两者的社会意义是否一致。如果一致,个人会感知到两者之间有相通之处,这在一定程度上也能让个人感到自己的职业使命追求在延续着。例如,一个人目前做着人力资源的工作,但她还对教育事业有使命感,曾梦想做一名教师,特别是乡村教育。两者的工作内容很不一样,但她觉得自己的本职工作可以帮助到他人,例如服务组织里的员工们解决各种问题、做针对员工们的培训项目等。虽然这些任务跟她想帮助和教育儿童的使命内容不一样,但两者之

使命：职业心理学的解读

间的目标有相通之处，都可以帮助到别人，这是相似的社会目标，因此，她在一定程度上也感到了满足。二是在于从认知上，扩展对现有工作的社会目标的感知，来纳入使命式职业的特征，这种方式比前一种方式的延伸性更大，它不只是在一般层面上发掘一致性，而是在进行延伸性的发掘。例如，一个人做着大学教师的工作，但他还对音乐十分热爱，曾想做一名音乐表演者，但由于音乐表演是一项非常艰难的事业，他很难实现这一追求。但他觉得自己的教学工作在某种意义上也是一种表演，他站在讲台上去表达和互动，与表演如出一辙。因此，他作为教师，本质上也是在作为一名表演者，他把学生看作观众，用愉悦的方式跟学生进行交流和互动，把音乐表演的元素用到教学上。通过此方式，他在一定程度上得到了对音乐事业的满足。总之，角色重构这一重塑策略的核心要点在于个人去调整自己对工作的认知，既使工作内容大不相同，也可以从认知的角度，来考虑自己的工作在某种意义上也是在践行着自己的职业使命追求。

二、生活重塑策略

对于未实现自己使命追求的人来说，除了在工作上的重塑行为，也可以在工作之外的生活领域进行重塑。这里涉及的就是生活重塑，其本质是通过工作之外的活动来补偿工作中所缺失的对职业使命追求的满足。个人既可以选择在工作上进行重塑，也可以选择在工作之外的休闲时间进行重塑，至于个人到底选择从哪个领域进行重塑？这很大程度上依赖于其所处的工作环境的容忍度有多大，环境的容忍度越大，个人在工作上越具有自主掌控力，也越有机会进行工作重塑。如果所处工作环境的容忍度很低，不允许个人适度调整工作任务，个人很难或根本没有机会去采用工作重塑的策略，这时就只能转而去采用生活重塑的方式。不同的职业或组织，其环境的容忍度也不同，这会影响个人在重塑策略上的选择。比如，像大学教师这样的职业，其环境的容忍度较大，鼓励教师在科研和教学上进行创新，很大程度上允许个人按照自己的想法来开展工作，个人

第四章 实现自己的职业使命

自主调整工作的限度较大。所以,从事大学教师工作,有更多机会采用工作重塑的方式来调整工作任务;而像警察或律师这样的职业,环境的容忍度较低,工作任务和工作规范要求严格,自主调整工作方式的机会很少。这种情况下,他们追求使命式职业的方式更可能不得不转向生活重塑,寄希望于在生活领域中获得满足。因此,个人需要评估好自己所处的工作环境的可容忍度,再考虑是从工作角度还是生活角度入手进行重塑。生活重塑的具体策略主要有两种。

第一种策略称为替代性经历(vicarious experiencing)。所谓替代性,指的是并非自己在经历着什么,而是别人在代替自己在经历着什么。该策略的本质是通过他人开展使命式职业来满足自己的职业使命追求。这里的他人不是与自己无关的路人,而往往涉及家人、朋友、甚至是自己认可的名人等,这是因为个人有着与这些人的情感连接,虽然自己没有实现职业使命追求,但如果看到或帮助他人实现相同的职业使命追求,也会是一种满足,因此,这是一种替代性的满足。例如,一个人正在从事着小学教师的职业,但她从小热爱音乐,多年练习小提琴,视音乐为自己的职业使命追求,曾认为音乐是定义自己和满足自身意义的重要内容,但因种种原因,她并没有把这一使命追求转变为自己从事的职业。但她通过自己的孩子来替代性地满足自己的职业使命追求,她会陪伴或指导自己的孩子练习小提琴演奏,通过帮助孩子的音乐发展来满足自己对音乐事业的热爱,这是一种替代性。但需要注意的是,这种替代性经历是一把双刃剑,有好的一面,也有坏的一面,有些人会强烈地寄希望于自己的子女来实现自己的使命追求,因而忽视子女自身的理想追求,强迫他们满足父母所期望的理想。这是一种十分不合适的行为。因此,替代性经历的策略要考虑这一因素,必须首先尊重他人的职业使命追求,绝不能要求或强迫别人满足自己的理想追求。

第二种策略称为业余爱好参与(hobby participating),即个人可以参与到与使命式职业相关的活动或志愿岗位中去。当然,正如让自己感到

使命：职业心理学的解读

有使命感的职业不一定是很令人愉悦和享受的职业一样，这种业余爱好也不一定是个人感兴趣或令人享受的事情，但个人有时需要在业余时间参与这些事情，以满足个人对自己的职业使命追求的体验。例如，一个人从事着大学教师的职业，她对这份职业有使命感，同时还对从事少儿心理学相关的职业具有使命感，因此，她志愿参与到那些照顾生病儿童的活动中去，通过帮助这些儿童，满足自己对儿童相关工作的使命感，令自己收获意义性的体验。再如，另一个从事着大学教师职业的人，他的另一个理想是成为作家，视写作为自己的职业使命追求。他用业余时间来写作，创作小说，从而追求自己想成为一名作家的梦想，在他心中，这一梦想比做一名大学教师更加重要。我国著名科幻小说作家刘慈欣的职业生涯经历就是如此，他大学毕业后进入电厂工作，担任计算机工程师，在20世纪80年代，这份工作就是"铁饭碗"，但刘慈欣热爱科幻，所以他在业余时间创作科幻小说。刘慈欣的大部分科幻小说都是自己在业余时间完成的，包括著名的《三体》和《流浪地球》等。可见，刘慈欣所采取的重塑策略也是业余爱好参与。

综上所述，当人们错过令自己感到有使命感的职业，在情绪上会感到有些懊悔，但人生的际遇就是这样，既使热爱，很多人也会错过。对一些人来说，错过了就很难再重拾机会去实现自己视为使命的职业。所以在工作之中或工作之外进行积极地调整，努力重塑自己的工作和生活，在一定程度上满足自己对使命式职业的追求，进而收获难得的满足感和意义感。

结 束 语

这本书是我对职业使命感这一研究主题的通俗总结,也是对自己十年研究工作的部分总结。我想通过这本书,以对职业使命感开展的科学研究为依据,对工作和职业进行深入解度。

当人们谈到工作和职业时,总是有人充满不满和无奈。这不禁让我产生疑问:我们到底把工作和职业看成了什么?如果它们只是人们为生活糊口而不得不接受的一个生存方式,那么,人们就如动物一般,满足着自己低级的需求,在朝九晚五的日常中走完人生中的大部分时间。我甚至常能听到还未毕业的大学生说自己在期盼着退休,在这些人眼中,工作成了想逃避的东西。但人们都心知肚明,自己逃避不掉工作,人们需要工作提供物质基础来满足自己的基本生活,可是,人们又不能只是为了物质和金钱而工作。奥普拉曾对斯坦福大学的毕业生说:"我知道你们已经在斯坦福付出了这么多努力,不会只是为了出去找到一份工作。"确实,我们广大的年轻人受了多年教育,付出了许多努力,难道就只是为了找一份工作吗?显然,工作的意义不应该只是一份工作。

也有人可能会说:"工作太辛苦了!"我不反驳这种观点。但人们能因为辛苦就不工作吗?显然大部分人不能。况且,哪有什么工作是不辛苦的呢?只是辛苦程度不同罢了。在我心中,最辛苦的工作莫过于在做一份自己不喜欢的工作。人若做着一份自己不喜欢的工作,体会不到乐趣,看不到意义,打心底里抗拒,却又因为现实而不得不继续这份工作,这种心理上的辛苦要大于身体上的辛苦。这也是很多人的现实,他们在工作着,同时也在不快乐着。然而,就算是那些在烈日下耕种的农民,如果

使命：职业心理学的解读

他热爱土地和种植，如果他能看到劳动的价值和意义，那么他心里也是快乐的。正如梁启超先生所说："须知苦乐全在主观的心，不在客观的事。"

工作的意义和工作的辛苦往往困扰着很多人。当人们受到某种力量的推动，将个人意义和社会意义融入职业或工作时，人们就会产生一种热爱感或责任感。这时，人们就具备了在职业上的使命感。人一旦具有了使命感，工作的意义就不再只是赚钱，工作在心中也不再那么辛苦。使命感的力量在本书中已经做了详细地解读，它是一个积极的职业体验，对个人的职业生涯发展、工作行为和幸福感均具有积极的作用，这是它之所以能受到职业心理学重视的关键原因。使命为人们提供了看待工作和职业的新视角，工作在这时不再只是糊口的工具。它承载着个人生存于世的意义，它承载着个人的人生目标，它也承载着个人因天赋而注定的命运，它还承载着……现代职业心理学对使命的内涵和外延进行了丰富地解读。由此，我们知道使命感不是一个口号，它在人们身上实实在在地存在，并使人们感到自己的工作和生活更有意义。

可惜的是，职业使命感并不是人人都能幸运拥有，这是很多人既不敬业也不乐业的一个症结所在。但很多人渴望在工作中获得一种热爱感、使命感，很多人期望自己做的工作是一份让自己热爱、让自己有使命感的工作。本书在第三章和第四章分别阐述了如何找到和实现自己的使命追求。在这个问题上需要注意几点。首先，获得和实现使命追求不是一蹴而就的，它是一个漫长的过程。人们需要自己进行洞察和探索，才能找寻到属于自己的使命追求。不管是进行洞察，还是尝试探索，它都是一个必经的过程，这个过程不会令人愉悦，甚至会充满焦虑和迷茫。其次，很多人无法获得和实现使命感的根本原因，在于无法忠于自己的内心，人们可能因现实条件所限，而去选择一份自己不那么喜欢但薪酬多的工作，也可能随波逐流地去选择别人认为对的工作。说到底，是自己做出了选择，有选择就有舍弃，而很多人往往都是舍弃了真实的内心，选择了现实，然后在现实中惋惜自己舍弃的真实。因此，人不仅要清楚那个真实的自我，也

结束语

要有按照真实的自我行事的勇气,才能有机会找到和实现自己的使命追求。第三,实现职业使命感并非一劳永逸,人们需要面对棘手的工作任务和恶劣的工作环境,如果应对不得当,它们可能会慢慢消耗掉个人对工作和职业的使命感。这就需要人们以一种学习和实践的态度来应对,在工作中不断提升自己的能力,逐渐提升自己对工作的掌控力,才能将使命感维持下去。最后,就算很多人终究无法实现自己的职业使命追求,也绝不能任由遗憾和懊悔占据自己,与其在懊悔中犹豫不前,不如放下懊悔,去主动调整工作和生活。人们需要积极地重塑自己的工作和生活,主动改变,从而在一定程度上满足自己对使命追求的渴望。

总之,职业上的使命感是一个有力量的体验,希望本书能启发人们通过发现自己的热爱与使命,在工作和生活上获得快乐与意义。

参考文献

程新宇.2003.加尔文宗教改革的特点[J].法国研究,2:112-126.

崔艳宇.2017.新奇、期待和兴奋是受访大学生初入校园时主要感受[N/OL].中国青年报,2017-09-14(7)[2021-06-19].http://zqb.cyol.com/html/2017-09/14/nw.D110000zgqnb_20170914_1-07.htm.

丁为祥.2007.命与天命:儒家天人关系的双重视角[J].中国哲学史,4:11-21.

顾江洪.等,2018.职业使命感驱动的工作投入:对工作与个人资源效应的超越和强化[J].南开管理评论,21(2):107-120.

胡湜,顾雪英.2014.使命取向对职业满意度的影响:职业弹性的中介作用及工作资源的调节作用[J].心理科学,37(2):405-411.

胡少楠,王詠.2014.工作投入的概念、测量、前因与后效[J].心理科学进展,22(12):1975-1984.

胡卫鹏,时勘.2004.组织承诺研究的进展与展望[J].心理科学进展,12(1):103-110.

黄丽,等.2019.组织支持对职业使命感影响的实证研究[J].管理科学,32(5):48-59.

黄梓航,等.2018.个人主义上升,集体主义式微?:全球文化变迁与民众心理变化[J].心理科学进展,26(11):2068-2080.

参考文献

韦伯.2010.新教伦理与资本主义精神[M].苏国勋,覃方明等译.罗克斯伯里第3版.北京:社会科学文献出版社.

习近平.2017.决胜全面建成小康社会 夺取新时代中国特色社会主义伟大胜利[N].人民日报,2017-10-19(2)[2021-06-11].

杨国枢.2012.四十年一觉学术梦.见百年大学演讲精选[M].台北:立绪文化事业有限公司.

叶宝娟,等.2017.职业使命感对大学生可就业能力的影响:求职清晰度与求职效能感的中介作用[J].心理发展与教育,33(1):37-44.

张春雨,等.2012.工作设计的新视角:员工的工作重塑[J].心理科学进展,20(8):1305-1313.

张春雨,等.2012.Calling与使命:中西文化下的心理学界定与发展[J].华东师范大学学报(教育科学版),30(3):72-77.

张春雨,等.2013.师范生职业使命感与学业满意度及生活满意度的关系:人生意义感的作用[J].心理发展与教育,29(1):101-108.

AFIOUNI F, KARAM C M, 2019. The formative role of contextual hardships in women's career calling[J]. Journal of Vocational Behavior, 114:69-87.

ALLEN N J, MEYER J P, 1990. The measurement and antecedents of affective, continuance and normative commitment to the organization[J]. Journal of Occupational Psychology, 63:1-18.

American Psychological Association. Stress in AmericaTM: The state of our nation[R/OL]. (2017-11-01)[2021-07-09]. https://www.apa.org/news/press/releascs/stress/2017/state-nation.pdf.

ASHBY J S, SCHOON I, 2010. Career success: The role of teenage career aspirations, ambition value, and gender in predicting adult social status and earnings[J]. Journal of Vocational Behavior, 77(3):350-360.

使命：职业心理学的解读

BAKKER A B,et al. ,2008. Work engagement:An emerging concept in occupational health psychology[J]. Work & Stress,22:187-200.

BANDURA A,1997. Self-efficacy:The exercise of control[M]. New York,NY:Freeman.

BAUMEISTER R F,et al. ,2013. Some key differences between a happy life and a meaningful life [J]. Journal of Positive Psychology, 8(6):505-516.

BELLAH R N,et al. ,1985. Habits of the heart[M]. New York:Harper & Row.

BERG J M,et al. ,2010. When callings are calling:Crafting work and leisure in pursuit of unanswered occupational callings[J]. Organization Science,21(5):973-994.

BLOOM M,et al. ,2021. Stories of calling:How called professionals construct narrative identities[J]. Administrative Science Quarterly,66(2):298-338.

BOTT E M,et al. ,2017. Called to medicine:Physicians' experiences of a career calling[J]. Career Development Quarterly,65:113-130.

BRIGHT J E H,et al. ,2005. The role of chance events in career decision making[J]. Journal of Vocational Behavior,66:561-576.

BRISCOE J P,HALL D T,2006. The interplay of the protean and boundaryless careers:Combinations and implications[J]. Journal of Vocational Behavior,69:4-18.

BUIS B,et al. ,2021. Your employees are calling:How organizations help or hinder living a calling and how employees react[J]. Academy of Management Proceedings,1.

参考文献

BUNDERSON J S, THOMPSON J A, 2009. The call of the wild: Zookeepers, callings, and the double-edged sword of deeply meaningful work[J]. Administrative Science Quarterly, 54(1): 32-57.

CARDADOR M T, CAZA B B, 2012. Relational and Identity Perspectives on Healthy Versus Unhealthy Pursuit of Callings[J]. Journal of Career Assessment, 20(3): 338-353.

CARNEIRO P, HECKMAN J, 2001. The dynamics of educational attainment for Blacks, Whites, and Hispanics[J]. Journal of Political Economy, 109(3): 455-499.

CHEN J, et al., 2018. Exploring the boundaries of career calling: the moderating roles of procedural justice and psychological safety[J]. Journal of Career Development, 45(2): 103-116.

CHOI Y E, et al., 2018. Calling as a predictor of life satisfaction: The roles of psychological capital, work-family enrichment, and boundary management Strategy[J]. Journal of Career Assessment, 26(4): 567-582.

CINQUE S, et al., 2021. 'Living at the border of poverty': How theater actors maintain their calling through narrative identity work[J]. Human Relations, 74(11), 1755-1780.

COHEN L, et al., 2019. Losing the Faith: Public Sector Work and the Erosion of Career Calling [J]. Work, Employment and Society, 33(2): 326-335.

CONWAY N, et al., 2015. Using self-determination theory to understand the relationship between calling enactment and daily well-being[J]. Journal of Organizational Behavior, 36(8): 1114-1131.

COULSON J C, et al., 2012. Parent's conception and experience of calling in child rearing: A qualitative analysis[J]. Journal of Humanistic Psychology, 52(2): 222 – 247.

CLINTON M E, et al., 2017. "It's tough hanging – up a call": The relationships between calling and work hours, psychological detachment, sleep quality, and morning vigor[J]. Journal of Occupational Health Psychology, 22(1): 28 – 39.

CREED P A, et al., 2015. Testing a goal – orientation model of antecedents to career calling[J]. Journal of Career Development, 43(5): 398 – 412.

DALLA R A, VIANELLO M, 2020. Linking calling with workaholism: Examining obsessive and harmonious passion as mediators and moderators[J]. Journal of Career Assessment, 28(4): 589 – 607.

DANCE A, 2017. Career change: It's never too late to switch[J]. Nature, 550: 289 – 291.

DAVIDAI S, GILOVICH T, 2018. The ideal road not taken: The self – discrepancies involved in people's most enduring regrets[J]. Emotion, 18(3): 439 – 452.

DELOITTE. Workplace burnout survey: Burnout without borders [R/OL]. (2018)[2021 – 08 – 08]. https://www2.deloitte.com/us/en/pages/about – deloitte/articles/burnout – survey.html.

DEMEROUTI E, et al., 2001. The job demands – resources model of burnout [J]. Journal of Applied Psychology, 86(3): 499 – 512.

DIK B, DUFFY R, 2009. Calling and vocation at work: Definitions and prospects for research and practice[J]. The Counseling Psychologist, 37(3): 424 – 450.

DIK B J, et al., 2012. Development and validation of the Calling and Vocation

Questionnaire (CVQ) and Brief Calling Scale (BCS)[J]. Journal of Career Assessment,20(3):242-263.

DIK B J,SHIMIZU A B,2019. Multiple meanings of calling: Next steps for studying an evolving construct[J]. Journal of Career Assessment,27(2): 323-336.

DOBROW S R,2013. Dynamics of calling: A longitudinal study of musicians [J]. Journal of Organizational Behavior,34(4):431-452.

DOBROW S R,HELLER D,2015. Follow your heart or your head? A longitudinal study of the facilitating role of calling and ability in the pursuit of a challenging career[J]. Journal of Applied Psychology,100(3):695-712.

DOBROW S R,TOSTI-KHARAS J,2011. Calling: The development of a scale measure[J]. Personnel Psychology,64(4):1001-1049.

DOBROW S R,TOSTI-KHARAS J,2012. Listen to your heart? Calling and receptivity to career advice[J]. Journal of Career Assessment,20(3): 264-280.

DOUGLASS R P,DUFFY R D,2015. Calling and career adaptability among undergraduate students[J]. Journal of Vocational Behavior,86(Feb.): 58-65.

DUFFY R D,et al.,2013c. Calling and life satisfaction: It's not about having it,it's about living it[J]. Journal of Counseling Psychology,60: 42-52.

DUFFY R D,AUTIN K L,2013b. Disentangling the link between perceiving a calling and living a calling[J]. Journal of Counseling Psychology,60: 219-227.

DUFFY R D,et al.,2015a. Assessing work as a calling: An evaluation of instruments and practice recommendations[J]. Journal of Career Assessment,23:351-366.

DUFFY R D,et al.,2015b. Work volition and job satisfaction:Examining the role of work meaning and person-environment fit[J]. The Career Development Quarterly,63(2):126-140.

DUFFY R D, et al.,2016b. Examining how aspects of vocational privilege relate to living a calling[J]. The Journal of Positive Psychology,11:416-427.

DUFFY R D,et al.,2018b. Examining the effects of contextual variables on living a calling over time[J]. Journal of Vocational Behavior,107:141-152.

DUFFY R D,et al.,2016c. The Psychology of Working Theory[J]. Journal of Counseling Psychology,63(2):127-148.

DUFFY R D,et al.,2012b. Perceiving a calling,living a calling,and job satisfaction:Testing a moderated, multiple mediator model[J]. Journal of Counseling Psychology,59(1):50-59.

DUFFY R D,et al.,2014b. Exploring the role of work volition within Social Cognitive Career Theory[J]. Journal of Career Assessment, 22:465-478.

DUFFY R D,DIK B J,2013a. Research on calling:What have we learned and where are we going? [J]. Journal of Vocational Behavior,83:428-436.

DUFFY R D,et al.,2011. Calling and work-related outcomes:Career commitment as a mediator[J]. Journal of Vocational Behavior,78:210-218.

DUFFY R D,et al.,2018a. Work as a calling:A theoretical model[J]. Journal of Counseling Psychology,65(4):423-439.

DUFFY R D,et al. ,2012a. The construction and initial validation of the Work Volition Scale[J]. Journal of Vocational Behavior,80:400-411.

DUFFY R D,et al. ,2014a. Examining predictors and outcomes of a career calling among undergraduate students[J]. Journal of Vocational Behavior,85:309-318.

DUFFY R D,et al. ,2016c. Examining predictors of work volition among undergraduate students[J]. Journal of Career Assessment,24(3):441-459.

DUFFY R D,et al. ,2016a. Does the dark side of a calling exist? Examining potential negative effects[J]. The Journal of Positive Psychology,11(6):634-646.

DUFFY R D,et al. ,2017a. Perceiving a calling and well-being:Motivation and access to opportunity as moderators[J]. Journal of Vocational Behavior,98:127-137.

DUFFY R D,SEDLACEK W E,2007. The presence of and search for a calling:Connections to career development[J]. Journal of Vocational Behavior,70:590-601.

DUFFY R D,SEDLACEK W E,2010. The salience of a career calling among college students:Exploring group differences and links to religiousness, life meaning,and life satisfaction[J]. The Career Development Quarterly,59:27-40.

DUFFY R D,et al. ,2022. A latent profile analysis of perceiving and living a calling[J]. Journal of Vocational Behavior,134:103694.

DUFFY R D,et al. ,2017b. Calling in retirement:A mixed methods study[J].

The Journal of Positive Psychology,12:399-413.

EHRHARDT K,ENSHER E,2021. Perceiving a calling,living a calling,and calling outcomes:How mentoring matters[J]. Journal of Counseling Psychology,68(2):168-181.

ELANGOVAN A R,et al.,2010. Callings and organizational behavior[J]. Journal of Vocational Behavior,76:428-440.

FRANKL V,1984. Man's search for meaning:An introduction to logotherapy [M]. New York:Simon & Shuster.

FRENCH J R,DOMENE J F,2010. Sense of "calling":An organizing principle for the lives and values of young women in university[J]. Canadian Journal of Counselling,44(1):1-14.

GAGNÉ M,DECI E L,2005. Self-determination theory and work motivation [J]. Journal of Organizational Behavior,26:331-362.

GAZICA M W,SPECTOR P E,2015. A comparison of individuals with unanswered callings to those with no calling at all[J]. Journal of Vocational Behavior,91:1-10.

GIBSON D E,2003. Developing the professional self-concept:Role model construals in early,middle,and late career stages[J]. Organization Science,14(5):591-610.

GIBSON D E,2004. Role models in career development:New directions for theory and research[J]. Journal of Vocational Behavior,65(1):134-156.

GREENHAUS J H,BEUTELL N J,1985. Sources and conflict between work and family roles[J]. The Academy of Management Review,10:76-88.

GREENHAUS J H,POWELL G N,2006. When work and family are allies:A theory of work-family enrichment[J]. Academy of Management Review, 31(1):72-92.

HAGMAIER T, ABELE A E, 2012. The multidimensionality of calling: Conceptualization, measurement and a bicultural perspective[J]. Journal of Vocational Behavior, 81(1):39-51.

HALL D T, 1996. Protean careers of the 21st century[J]. Academy of Management Executive, 10(4):8-16.

HALL D T, 2004. The protean career: A quarter-century journey[J]. Journal of Vocational Behavior, 65(1):1-13.

HALL D T, CHANDLER D E, 2005. Psychological success: When the career is a calling[J]. Journal of Organizational Behavior, 26:155-176.

HARGUNG P J, 2013. The life-span, life-space theory of careers[M]//Brown S D, Lent R W, Eds. Career development and counseling: Putting theory and research to work. 2nd ed. Hoboken, New Jersey: John Wiley & Sons: 83-113

HARZER C, RUCH W, 2012. When the job is a calling: The role of applying one's signature strengths at work[J]. The Journal of Positive Psychology, 7:362-371.

HARZER C, RUCH W, 2016. Your strengths are calling: Preliminary results of a web-based strengths intervention to increase calling[J]. Journal of Happiness Studies, 17:2237-2256.

HARTER S, 1999. The construction of the self: A developmental perspective [M]. New York, NY: Guilford Press.

HIRSCHI A, 2011. Callings in career: A typological approach to essential and optional components[J]. Journal of Vocational Behavior, 79:60-73.

HIRSCHI A,2012. Callings and work engagement:Moderated mediation model of work meaningfulness,occupational identity,and occupational self – efficacy[J]. Journal of Counseling Psychology,59(3):479 – 485.

HIRSCHI A,HERRMANN A,2012. Vocational identity achievement as a mediator of presence of calling and life satisfaction[J]. Journal of Career Assessment,20(3):309 – 321.

HIRSCHI A,HERRMANN A,2013. Calling and career preparation:Investigating developmental patterns and temporal precedence[J]. Journal of Vocational Behavior,83:51 – 60.

HIRSCHI A,et al.,2018. Living one's calling:Job resources as a link between having and living a calling[J]. Journal of Vocational Behavior,106:1 – 10.

HIRSCHI A,et al.,2019. Calling as a double – edged sword for work – nonwork enrichment and conflict among older workers[J]. Journal of Vocational Behavior,114:100 – 111.

HOBFOLL S E,1989. Conservation of resources:A new attempt at conceptualizing stress[J]. American Psychologist,44(3):513 – 524.

HSIEH,T,2010. Delivering Happiness[M]. New York:Grand Central Publishing.

HUNTER I,et al.,2010. College students' perceptions of calling in work and life:A qualitative analysis [J]. Journal of Vocational Behavior,76:178 – 186.

JADIDIAN A,DUFFY R D,2012. Work volition,career decision self-efficacy,and academic satisfaction:An examination of mediators and moderators[J]. Journal of Career Assessment,20(2):154 – 165.

参考文献

JO I, et al. ,2018. Relationship between burnout and PTSD symptoms in firefighters: the moderating effects of a sense of calling to firefighting[J]. International Archives of Occupational & Environmental Health,91:117 – 123.

JOHNSON J A,2014. Measuring thirty facets of the five factor model with a 120-item public domain inventory: Development of the IPIP – NEO – 120 [J]. Journal of Research in Personality,51:78 – 89.

KEHR H M,2004. Integrating implicit motives, explicit motives, and perceived abilities: The compensatory model of work motivation and volition[J]. Academy of Management Review,29(3):479 – 499.

KELLER A C, et al. ,2016. Competitive climate and workaholism: Negative sides of future orientation and calling[J]. Personality and Individual Differences,96:122 – 126.

KIM S S, et al. ,2018. How do callings relate to job performance? The role of organizational commitment and ideological contract fulfillment[J]. Human Relations,71(10):1319 – 1347.

KRONENWETT M, RIGOTTI T,2019. When do you face a challenge? How unnecessary tasks block the challenging potential of time pressure and emotional demands[J]. Journal of Occupational Health Psychology,24(5):512 – 526.

LEE A Y P, et al. ,2018. Sense of calling in the workplace: The moderating effect of supportive organizational climate in Taiwanese organizations[J]. Journal of Management & Organization,24(1):129 – 144.

LENT R W, BROWN S D,2013. Social cognitive model of career self – management: Toward a unifying view of adaptive career behavior across the life span[J]. Journal of Counseling Psychology,60:557 – 56

LENT R W,et al. ,1994. Toward a unifying social cognitive theory of career and academic interest,choice,and performance[J]. Journal of Vocational Behavior,45:79 – 122.

LEVIN N,et al. ,2022. The identification and validation of five types of career indecision:A latent profile analysis of career decision – making difficulties[J]. Journal of Counseling Psychology.

LI Y,et al. ,2015. Big-five personality and BIS/BAS traits as predictors of career exploration:The mediation role of career adaptability[J]. Journal of Vocational Behavior,89:39 – 45.

LYSOVA E I,et al. ,2018. Examining calling as a double – edged sword for employability[J]. Journal of Vocational Behavior,104:261 – 272.

MA J,PENG Y,2019. The performance costs of illegitimate tasks:The role of job identity and flexile role orientation[J]. Journal of Vocational Behavior,110:144 – 154.

MADSEN I E H,et al. ,2014. Unnecessary work tasks and mental health:a prospective analysis of Danish human service workers[J]. Scandinavian Journal of Work,Environment & Health,40(6):631 – 638.

MASLACH C,et al. ,2001. Job burnout[J]. Annual Review of Psychology,52:397 – 422.

MAUNO S,et al. ,2022. Do unnecessary tasks impair performance because they harm living a calling? Testing a mediation in a three-wave study [J]. Journal of Career Assessment,30(1):94 – 109.

MAYRHOFER W,et al. ,2016. Career success across the globe:Insights from the 5C project. Organizational Dynamics,45(3):197 – 205.

参考文献

MEYER J P, ALLEN N J, 1991. A three – component conceptualization of organizational commitment [J]. Human Resource Management Review, 1 (1):61 –89.

MEYER J P, et al., 1989. Organizational commitment and job performance: It's the nature of the commitment that counts [J]. Journal of Applied Psychology, 74(1):152 – 156.

NG T W H, FELDMAN D C, 2010. Human capital and objective indicators of career success: The Mediating effects of cognitive ability and conscientiousness [J]. Journal of Occupational and Organizational Psychology, 83 (1):207 –235.

NOVAK M, 1996. Business as a calling: Work and the examined life [M]. New York: The Free Press.

PARKER S K, et al., 2010. Making things happen: A model of proactive motivation [J]. Journal of Management, 36:827 –856.

PETERSON C, SELIGMAN M E P, 2004. Character strengths and virtues: A handbook and classification [M]. Washington, DC: American Psychological Association.

PHINNEY J S, et al., 2005. Autonomy and relatedness in adolescent – parent disagreements: Ethnic and developmental factors [J]. Journal of Adolescent Research, 20(1):8 –39.

PODSAKOFF N P, et al., 2009. Individual – and organizational – level consequences of organizational citizenship behaviors: A meta – analysis [J]. Journal of Applied Psychology, 94(1):122 – 141.

PRASKOVA A, et al., 2014. Testing a calling model of psychological career success in Australian young adults: A longitudinal study [J]. Journal of

Vocational Behavior,85(1):125 – 135.

PUTNAM L,2015. Workplace wellness that works:10 steps to infuse well – being and vitality into any organization[M]. Hoboken,New Jersey:John Wiley & Sons.

RAWAT A,NADAVULAKERE S,2015. Examining the outcomes of having a calling:Does context matter? [J]. Journal of Business and Psychology, 30:499 – 512.

ROGERS M E,et al. ,2008. The role of personality in adolescent career planning and exploration:A Social cognitive perspective[J]. Journal of Vocational Behavior,73(1):132 – 142.

SAVICKAS M L,2005. The theory and practice of career construction[M]// Brown S D,Lent R W,Eds. Career development and counseling:Putting theory and research to work. Hoboken,New Jersey:John Wiley:42 – 70

SAVICKAS M L,2013. Career construction theory and practice[M]//Brown S D,Lent R W,Eds. Career development and counseling:Putting theory and research to work. 2nd ed. Hoboken,New Jersey:John Wiley & Sons: 147 – 138

SCHABRAM K,MAITLIS S,2017. Negotiating the challenges of a calling:emotion and enacted sensemaking in animal shelter work[J]. Academy of Management Journal,60(2):584 – 609.

SCHULTHEISS D E P,et al. ,2001. Relational influences in career development:A qualitative inquiry[J]. Counseling Psychologist,29:214 – 239.

SELIGMAN M E P,2002. Authentic happiness[M]. New York:Free Press.

SHIMIZU A B,et al. ,2019. Conceptualizing calling:Cluster and taxometric analyses[J]. Journal of Vocational Behavior,114:7 – 18.

参考文献

SPURK D, et al., 2019. Antecedents and outcomes of objective versus subjective career success: Competing perspectives and future directions[J]. Journal of Management, 45(1):35-69.

STEINBERG L, MORRIS A S, 2001. Adolescent development[J]. Annual Review of Psychology, 52:83-110.

STEGER M F, et al., 2010. Calling in work: Secular or sacred? [J]. Journal of Career Assessment, 18:82-96.

SUPER D E, 1990. A life-span, life-space approach to career development [M]. In Brown D, BROOKS L, & Associates (Eds.), Career choice and development: Applying contemporary theories to practice. 2nd ed. San Francisco: Jossey-Bass: 197-261

THOMPSON J A, BUNDERSON J S, 2019. Research on work as a calling ... and how to make it matter[J]. Annual Review of Organizational Psychology and Organizational Behavior, 6:421-443.

TOSTI-KHARAS J, DOBROW S R, 2021. When the stars align: Career and life consequences of calling[J/OL]. Academy of Management Proceedings, 1, [2021-07-26]. https://doi.org/10.5465/AMBPP.2021.230

TORREY C L, DUFFY R D, 2012. Calling and well-being among adults: Differential relations by employment status[J]. Journal of Career Assessment, 20:415-425.

VIANELLO M, et al., 2020. The developmental trajectories of calling: Predictors and outcomes[J]. Journal of Career Assessment, 28(1):128-146.

WALSH B M, et al., 2020. Living a calling and perceived work ability in domestic violence services[J]. Journal of Counseling Psychology, 67(2):241-250.

使命：职业心理学的解读

WARE B,2012. The top five regrets of the dying: A life transformed by the dearly departing[M]. Brighton – Le – Sands, Australia: Hay House.

WEBER M,2002. The Protestant Ethic and the Spirit of Capitalism[M]. Kalberg S,Trans. 3rd ed. Los Angeles: Roxbury Publishing Company.

WILLNER T,et al. ,2020. Construction and initial validation of the Work Orientation Questionnaire[J]. Journal of Career Assessment,28(1):109 – 127.

WEISS J W, et al. ,2004. Calling, new careers and spirituality: A reflective perspective for organizational leaders and professionals[M]// Weiss J W,Skelley M F,Haughey J C,et al. Spiritual intelligence at work: Meaning, metaphor, and morals. Research in Ethical Issues in Organizations. Amsterdam: Elsevier Ltd:175 – 201.

WOOD A M,et al. ,2008. The authentic personality: A theoretical and empirical conceptualization and the development of the authenticity scale[J]. Journal of Counseling Psychology,55(3):385 – 399.

WRZESNIEWSKI A,2002. "It's Not Just a Job": Shifting Meanings of Work in the Wake of 9/11[J]. Journal of Management Inquiry,11(3):230 – 234.

WRZESNIEWSKI A,DUTTON J E,2001. Crafting a job: Revisioning employees as active crafters of their work[J]. Academy of Management Review,26:179 – 201.

WRZESNIEWSKI A, et al. ,1997. Jobs, careers, and callings: People's relations to their work[J]. Journal of Research in Personality,31:21 – 33.

XIE B,et al. ,2016. Linking calling to work engagement and subjective career success: The perspective of career construction theory[J]. Journal of Vocational Behavior,94:70 – 78.

XIE B,et al. ,2017. Using goal facilitation theory to explain the relationships between calling and organization – directed citizenship behavior and job satisfaction[J]. Journal of Vocational Behavior,100:78 – 87.

XU Y,et al. ,2014. Folk beliefs of cultural changes in China[J]. Frontiers in Psychology,5:1066.

YANG X,GAO C,2021. Missing women in STEM in China:an empirical study from the viewpoint of achievement motivation and gender socialization [J]. Research in Science Education,51:1705 – 1723.

ZHANG C,et al,2022a. Profiles of calling and their relation to university-to-work transition outcomes[J]. Journal of Career Development,49(4):788 – 801

ZHANG C,HIRSCHI A,2021a. Forget about the money? A latent profile analysis of calling and work motivation in Chinese employees[J]. Career Development International,26(2):105 – 118.

ZHANG C,et al. ,2021b. Trajectories of calling in the transition from university to work:A Growth Mixture Analysis[J]. Journal of Career Assessment,29(1),98 – 114.

ZHANG C,et al. ,2022b. Living a calling and work – family interface:A latent profile analysis[J]. Journal of Career Assessment,30(1):23 – 40.

ZHANG C,et al. ,2018. Reciprocal relation between authenticity and calling among Chinese university students:A latent change score approach[J]. Journal of Vocational Behavior,107:222 – 232.

ZHANG C,et al. ,2017. The future work self and calling:The mediational role of life meaning[J]. Journal of Happiness Studies,18(4):977 – 991.

ZHANG C, et al. ,2015a. Work as a calling in China: A qualitative study of Chinese college students [J]. Journal of Career Assessment, 23(2): 236-249.

ZHANG C, et al. ,2015b. Assessing calling in Chinese college students: Development of a measure and its relation to hope [J]. Journal of Career Assessment, 23(4):582-596.

ZHANG C, et al. ,2015c. Self-directed career attitude as predictor of career and life satisfaction in Chinese employees: Calling as mediator and job insecurity as moderator [J]. Career Development International, 20(7):703-716.

ZHOU S, et al. , 2012. The meaning of work among Chinese university students: Findings from prototype research methodology [J]. Journal of Counseling Psychology,59:408-423.